新时代中华传统文化知识丛书

中国古代医学家

李燕　罗日明　主编

海豚出版社
DOLPHIN BOOKS
CICG
中国国际传播集团

图书在版编目（CIP）数据

中国古代医学家 / 李燕，罗日明主编．-- 北京：海豚出版社，2024. 6. --（新时代中华传统文化知识丛书）. -- ISBN 978-7-5110-6938-2

Ⅰ. K826.2

中国国家版本馆 CIP 数据核字第 2024FK1372 号

新时代中华传统文化知识丛书

中国古代医学家

李 燕 罗日明 **主编**

出 版 人	王 磊
责任编辑	张 镛 王首道
封面设计	薛 芳
责任印制	于浩杰 蔡 丽
法律顾问	中咨律师事务所 殷斌律师
出 版	海豚出版社
地 址	北京市西城区百万庄大街 24 号
邮 编	100037
电 话	010-68325006（销售） 010-68996147（总编室）
印 刷	天津睿意佳彩印刷有限公司
经 销	新华书店及网络书店
开 本	710mm × 1000mm 1/16
印 张	9.5
字 数	80 千字
印 数	3000
版 次	2024 年 6 月第 1 版 2024 年 6 月第 1 次印刷
标准书号	ISBN 978-7-5110-6938-2
定 价	39.80 元

序言

中医是中华灿烂文化中的一颗璀璨明珠，几千年来一直闪烁着它独特的光辉。

毫不夸张地说，中医贯穿了整个华夏五千年的历史，从我们耳熟能详的“神农尝百草”“黄帝与岐伯论答”等故事中就能看出，我们的祖先从很早以前就展开了和疾病的斗争。

中医理论体系的基本形成则要追溯到春秋战国时期。春秋战国之后，医者受古代朴素唯物论的影响，提出了“脉象学说”“藏象学说”“经络学说”“运气学说”“精气学说”等中医理论，同时在《黄帝内经》的影响下，提出了“摄生”主张。古代医者还以“阴阳五行”来解释人体的生理功能，并根据阴阳协调的理念提出了许多在当时颇有成效的医疗方案。

随着中医文化不断发展壮大，涌现出了诸如扁鹊、华佗、张仲景、孙思邈、叶天士等名医，形成了伤寒学派、寒凉学派、易水学派、攻邪学派、补土学派、滋阴学派、温补学派、温病学派等中医流派，各流派在不同时期又涌现了更多具有代表性的医生。

清朝末年，西学东渐，西医对中医形成了强烈的冲击，这对我国的中医文化无疑是一种巨大的挑战。但挑战之中也蕴含着机遇。文明是平等的、多彩的、包容的。文明的交流互鉴，是推动人类文明不断发展的动力。中医和西医，都是人类在维护生命健康历程中创造的文明成果。这正是“中西医结合”“中西医并重”“中西药并用”指导方针的基础，也是在学术领域，对任何一门科学、任何一个学科、任何一项成果，都应正确对待的科学态度。

目录

第一章　古人的医学文化

一、上古时期的医疗卫生 / 002
二、古代医学理论的形成 / 005
三、上古时期的医者 / 008
四、古代医学家的人文精神 / 011

第二章　隋代以前的医学家

一、扁　鹊 / 016
二、淳于意 / 019
三、华　佗 / 023
四、张仲景 / 026
五、王叔和 / 029
六、皇甫谧 / 032
七、陶弘景 / 035

第三章　隋唐医学家

一、孙思邈 / 040

二、巢元方 / 043

三、杨上善 / 046

四、张文仲 / 049

五、王　冰 / 052

六、陈藏器 / 055

七、王　焘 / 058

八、昝　殷 / 061

第四章　宋金元医学家

一、王惟一 / 066

二、钱　乙 / 069

三、唐慎微 / 072

四、刘完素 / 075

五、张元素 / 078

六、张从正 / 081

七、李　杲 / 084

八、宋　慈 / 087

九、陈自明 / 090

十、朱震亨 / 093

第五章　明代医学家

一、万密斋 / 098

二、李时珍 / 101

三、龚廷贤 / 104

四、缪希雍 / 107

五、王肯堂 / 110

六、陈实功 / 113

七、张景岳 / 116

八、吴有性 / 119

第六章　清代医学家

一、傅　山 / 124

二、叶天士 / 127

三、黄元御 / 130

四、赵学敏 / 133

五、吴鞠通 / 136

六、王清任 / 139

七、王士雄 / 142

第一章

古人的医学文化

一、上古时期的医疗卫生

在医疗条件极其匮乏的上古时期，人们一般利用经验来治疗一些常见疾病，有些治疗手段甚至为之后的中医治疗方式提供了基础范本。

人食五谷杂粮，孰能无疾？现代人尚是如此，那生活在恶劣条件下的上古人类更加难以避免疾病和伤痛的困扰。

上古时期，人们在长期的生活实践中发现了动物和植物身上具有营养价值的部分和危害身体健康的部分，这便是动植物的药用价值。例如，蚂蟥会被拿来吸取人体四肢的淤血，麝香会被用来治疗蛇毒……

在外活动期间，有时候会撞到坚硬的东西，人们发现被撞的时候，身体上某些部位的疼痛会得到减轻，于是他们开始利用砭石刺压这些位置以减轻疼痛。这便是穴位按摩的起源。

此外，我国在对上古时期一些遗址的考古挖掘中，还发现了许多石针、骨针和青铜针，可见当时人们已经有意识地利用磨制等方法，制作出了一些小巧精细、方便刺入身体的工具。《山海经》中载：“可以为砥针（‘砥’当为‘砭’字之误），治痈肿者。”上古时期的人们利用这些工具刺破皮肤排脓，并以此来治疗化脓性疾病。

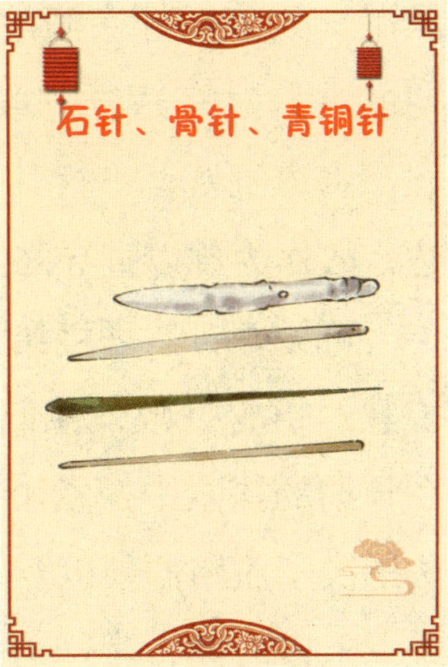

人们在用火中总结出的经验，也点亮了灸法的启示之路。《素问》中载：“北方者……脏寒生满病，其治宜灸焫。”人们发现火不仅可以用来取暖，将光滑的石头用火烤热后放在身体的疼痛部位还能缓解疼痛，于是人们用兽皮包裹住烧烫的石头对疼痛部位进行热敷，或者用易点燃的草叶来烘烤，这和我们如今点燃艾条来熏灼身体穴位的方法类似。

上古时期，人们需要通过外出狩猎来获取生存资源，因此，除了受伤之外，疲惫和肌肉劳损也是常常困扰他们的问题。不仅如此，因为生活条件艰苦，他们还经常遭受风湿、关节炎等疾病的折磨。《吕氏春秋》在讲述上古时期的歌舞时有这样一段话："昔陶唐之始，阴多滞伏而湛积，水道壅塞，不行其原，民气郁阏而滞着，筋骨瑟缩不达，故作为舞以宣导之。"

可见，自然环境给人类带来的病痛并没有将拥有生活智慧的祖先打败，他们利用跳舞来锻炼身体，预防疾病，在长期的探索中探索出了按摩疗法，并运用科学的外治方法解决了肌肉僵硬以及劳损等问题。

上古时期，生产力极为低下，人们的生存环境十分恶劣，但我们的先民们怀着对生命的敬畏，在生产生活中渐渐摸索出许多行之有效的治疗方法，为博大精深的中医文化奠定了坚实基础。

二、古代医学理论的形成

古代医学在漫长的发展历程中，又与“阴阳”“五行”“气”等中国古代哲学理论相互融合、成就，最终凝结为世间独一无二的中华医学理论。

阴阳学说是中医理论体系中的基础，《景岳全书》中有云：“设能明彻阴阳，则医理虽玄，思过半矣。”古人认为只要通晓阴阳理论，自然也就能理解大半医理。古代中医认为气是一切的本源，而气分又为两体，即阴气和阳气，两者之间具有既对立又统一的辩证关系。

阴阳学说是一种抽象的理论，但是这个理论却被古代医者具象化地应用在了治疗过程中。《素问》中记载：“水火者，阴阳之征兆也。”以水火对比阴阳，水为阴，火为阳，两者看似相互排斥对立，但也能相互调和。

古代中医认为人体内部存在阴阳消长的变化，所以想要身体健康就需要维持阴阳平衡，采用“补其不足，虚者补之”的治疗原则，即“阴病阳治，阳病阴治”。

此外，古人还利用五行中的金、木、水、火、土来解释世间万物的构成和相互间的关系，中医则将五行学说运用到了人的生理结构中，以金、木、水、火、土分别对应肺、肝、肾、心、脾。古代医者认为：肺具有宣发肃降的功能，所以属金；肝因有疏泄功能，因而与有生发能力的木相对应；肾因主水藏精而和水对应；心有阳热，所以属火；脾有消化功能，所以和能分化万物的土相对应。

不仅如此，五行中的相生相克也被应用到五脏中：肾能养肝，肝能济心，心可温脾，脾可润肺，而肺可助肾，这便对应了水生木、木生火、火生土、土生金和金生水。而反过来，肺可抑肝阳，肝可泄脾壅，脾可阻肾水，肾可止心火，心可止肺清，这同样对应着金克木、木克土、土克水、水克火、火克金。

以上只是中国古代中医诸多理论学说中的两种，除此之外，在我国最早的医学典籍《黄帝内经》中还记录有脉象学说、藏象学说、养生学说、病因学说、经络学说、病

机学说、运气学说等，这些都是在黄老道家理论上建立起来的中医学说，它们从不同方面对中医进行了阐述。

《黄帝内经》中的《素问》涵盖了阴阳、摄生、五脏、脉法、精气血、运气等内容，《素问》的姊妹篇《灵枢》除了和它相似的部分外，还重点详述了经络腧（shù）穴学的相关知识。

三、上古时期的医者

浩瀚的中华历史长河中从不缺乏浪漫的英雄传说，这其中便包括那些因治愈疾病而受人敬仰的医者，他们流传至今的形象和故事被赋予了神圣的光环，仍为后世的人们所称赞、颂扬。

《帝王世纪》中记载："（伏羲）尝味百药而制九针。"伏羲是我国神话传说中的人类始祖，也是上古三皇之一。相传他也是我国古医药学和针灸学的鼻祖，他尝百草、辨药性，从中总结出治疗疾病的经验，还制造了九根形状各异的针，以满足不同的医疗需求。除此之外，他还通过八卦来辨识穴位，为人刺穴治病。

另一位遍尝百草的先人便是神农氏。传说，神农氏是农业和医药的发明者，是他教会了人们耕种和治病。相传神农氏除了脑袋和四肢，身体其他部位都是透明的，只要吃下了有毒的东西，他的内脏就会变黑。他担心人们因为不知道草药的毒性而误食，于是便开始一一尝试进行区分，最终因吃下断肠草而逝世。我国第一部系统论述草药的著作《神农本草经》，便是以神农氏命名的。

《黄帝内经》是一部优秀的古代医学典籍，它背后的两个人自然不能被忽略，他们就是黄帝与岐伯。黄帝是五帝之首，被尊祀为“人文初祖”，他的功绩囊括文化、精神及政治等诸多方面，是一位名副其实的优秀首领。他命岐伯尝百草，并与之讨论病理，黄帝提问，岐伯作答，最终编著成《素问》，开启了我国医学著述的先河。中医最早被称为“岐黄之术”，便是以黄帝和岐伯二人来命名的。

黄帝麾下的医学人才当然不止岐伯一人，还有一位擅长研究人体体质的少师。他对五种人的体质、性格、行为特点等进行了较为详尽的叙述，近世朝鲜医学家的“四象医学”理论就是发展了他“天地之间，六合之内，不离于五，人亦应之”的论述。

《山海经·大荒西经》中有记载：“有灵山，巫咸、巫即、巫盼、巫彭、巫姑、巫真、巫礼、巫抵、巫谢、巫罗十巫，从此升降，百药爰在。”这是巫文化中最古老的神话传说——灵山十巫，相传他们都是善医药、占卜，手握“不死药”的神医。

上古时期，“巫”作为一种被蒙上神秘面纱的职业开始大放异彩。在当时的人们眼中，巫可以通过与上天沟通为人驱除病痛。那个时候医、巫不分，巫就是医，医就是巫。实际上，“巫医”在向上天祷告的同时，也在用以前传承下来的方法替人治病，真正帮助病人解除病痛的并不是天上的神祇，而是传统的中医经验与方法。

巫医一直活跃到西周前后，到春秋战国时期才巫、医有别。他们在我国古代医疗事业中占据着重要位置，对我国中医药的发展起到了一定作用。

四、古代医学家的人文精神

古代医学家秉承着仁爱精神悬壶济世，他们大多都淡泊名利，将一生的心血倾注于治病救人和编撰医书上。

古人常以“忠君爱国，仁爱济世”为人生信条，我国古代医学家则将仁爱之心融入医学实践中，济世为民。

许多医学家都深受儒家思想影响，他们深刻践行了“仁”的理念。张仲景因见族人和百姓深受瘟疫之苦，于是“感往昔之沦丧，伤横夭之莫救”，于是“勤求古训，博采众方”，最终撰成《伤寒杂病论》。在长沙任职期间，他亲自坐堂为百姓看病，因而备受当地人民爱戴。

孙思邈在《大医精诚》中云：“若有疾厄来求救者，不得问其贵贱贫富，长幼妍媸，怨亲善友，华夷愚智，普同一等，皆如至亲之想。”从这句话中，我们可以窥见医者

“众生平等”的思想。对于一个医者而言，不仅要医术精湛，还要有医德和仁爱之心。

北宋著名政治家、文学家范仲淹曾说：“不为良相，便为良医。”意为若不能成为辅佐君王的良相，那就成为一名普救众生的良医。在他的思想中，“治国”和“治人”是在同一高度上的，这种崇高思想也影响着古代医者的人生观和价值观。

古代医者大多不趋仕途，被誉为“针灸鼻祖”的皇甫谧被晋武帝“频下诏敦逼不已”，仍作《释劝论》婉言谢绝晋武帝的旨意，表明自己的志向是著述和研究医学；李时珍年轻时放弃科举潜心学医，曾在楚王府任奉祠正，后被举荐到太医院工作，但不到一年他便请辞回乡，坐堂行医，潜心著述。

医者以“仁”之思想治病救人，在实践中却始终要保持严谨。张仲景在《伤寒杂病论》的序中就对行医者“相对斯须，便处汤药”“按寸不及尺，握手不及足”的草率行为进行了批判，认为这是不讲医德的庸医行为。

不仅如此，古代医学家在著述医学著作时，往往悉心参考前人的作品，并且加以实践，历时多年才最终著成。唐代医学家王冰在编纂《补注黄帝内经素问》之前，便是对《素问》进行了长达十二年之久的研究，可见古代医学家的严谨态度。

纵观我国悠久的医学历史，那些为医学事业作出卓越贡献、产生深远影响的先辈们大多有着共同的特性：他们博学多才，谦良恭谨，心怀百姓，仁心仁术。这些品质和精神体现在他们的事迹和著作中，并影响了后世的许多人。这并不仅仅是医学知识和医德的传承，更是中华传统文化蕴含的人文精神的集中体现。

第二章

隋代以前的医学家

一、扁 鹊

扁鹊一生的行医足迹遍布中国的大江南北，因医术高超被人誉为神医，他精湛的医术和高尚的医德为后世所赞颂，他开创了中医切脉诊断的方法。

扁鹊，原名秦越人，齐国渤海莫州（今河北任丘，一说为山东长清）人，战国时期著名医学家。“扁鹊”在民间是指那些能给人带去祥瑞好运的喜鹊，所以用高超医术给百姓们带去健康和快乐的秦越人便被称为“扁鹊”。

扁鹊年轻时在家乡的旅店工作，一次店里来了一位长居的客人名叫长桑君，扁鹊认为此人不同凡响，便长期与之相处。多年以后，长桑君将自己的医学秘籍传授于扁鹊，之后，学有所成的扁鹊便开始周游列国为人治病。

扁鹊的一生极具传奇色彩，他在秦国治儿科，在赵国治妇科，到了周国又治五官科。扁鹊内科、外科、儿科、妇科及五官科兼修，且无一不精，除此之外，他还能利用药物麻醉来进行外科手术。

扁鹊所创的望、闻、问、切诊断法不仅对当时的医学产生了极大的影响，甚至还影响了后世的中医临床诊断，为现代中医的诊疗奠定了坚实的基础。司马迁在《史记》中记载："以此视病，尽见五藏症结，特以诊脉为名耳。"这是说扁鹊能够通过望诊诊断内脏的病症，在那个医学知识尚不发达的时代，可见扁鹊的医技之高超。

扁鹊依靠望闻问切法在田氏齐国看出齐桓公（指田午）尚浅的病症，但齐桓公并未听信扁鹊的话，不愿接受治疗；扁鹊再见他时发现他的病症有所加重，但是齐桓公仍自我感觉良好，甚至怀疑扁鹊是为了牟取利益才故意说他有病；当扁鹊第三次见他的时候，发现病症已入肺腑，如不治疗将性命难保，但齐桓公仍不以为然；当扁鹊第四次见到齐桓公时，齐桓公已经病入膏肓，无法挽救。果然，不久之后，齐桓公便发病而亡。

扁鹊还擅长利用砭刺、针灸、汤液等方法为人治病。

他路过虢（guó）国时，听闻太子死去半日便去查明情况，发现鼻息微弱的太子患上了“尸厥症”，所以才会昏迷不醒宛如死去一般，于是他便用砭刺法让太子“起死回生”。面对大家的夸奖，他却说：“我并没有让人起死回生的本事，我只是治好了活人的病罢了。”可见，扁鹊虽医术高明却并不居高自傲，说话做事仍旧追求实事求是。

扁鹊也并不是什么人都会救治，据说有六种病人，扁鹊是坚决不治：一是信巫术不信医的人；二是骄横不讲理的人；三是爱财却不顾及生命的人；四是暴饮暴食不注重饮食的人；五是身体虚弱不能吃药的人；六是有病却不尽早就医的人。这“六不治”彰显了为医者该有的坚定原则。

可这样一位兼具才学和医德的医学奇才却因治好秦武王的腰伤而遭到了太医李醯（xī）的嫉妒，最终被其杀害。根据《汉书·文艺志》记载，扁鹊曾撰写过《内经》和《外经》两本医书，但均已失传，这无疑是我国中医学史上的一大损失。

二、淳于意

西汉淳于意是文献记载中带徒最多的医家之一，为医学的广泛传播与发展作出了重要贡献。《史记》中记载了他的二十五例病历，称为《诊籍》。

淳于意，临淄（今山东淄博）人，西汉初期著名医学家、教育家，因曾担任齐国太仓令而被称为“仓公”。

淳于意少时家境并不好，但他十分好学且热爱医学，后来他有幸拜名医公孙光和公乘阳庆为师，学到了很多有用的医学知识。淳于意尤擅针灸和诊脉，治病时严格按照望、闻、问、切四诊，先看诊而后再对症下药进行医治。

他曾为一名齐国御史看病，病人认为自己只是头痛，但他诊脉后却告诉患者的弟弟那是严重的疽病，发生在肠胃之间，五天后他的身体会肿起来，八天后就会呕脓血而亡。果不其然，第八天的时候患者就如淳于意所说那般去世了。

还有一次，他在齐国的宴会上看见了王后的弟弟宋健，他一眼便看出宋健已经病了好几日，并准确说出了病征。之后，他为宋健调制了“柔汤”，宋健按照他的嘱咐服用后十八日便康复了。

在淳于意的行医生涯中有成功亦有失败的案例，这些都被他一一记录了下来，汇集成了我国第一部医案专著——《诊籍》。此书现已失传，流传下来的只有《史记》中所记载的二十五例案例，其中十五例治愈，十例未治愈。尽管如此，这仅剩二十五例案例的《诊籍》仍是我国医学史中不可多得的瑰宝。

诊籍就是我们现在所说的病历，上面详尽记录了病人的姓名、地址、职业、病症、病名、病理、脉象、治疗方法、预后推断以及治疗效果等，其中涉及的内容涵盖了现代医学的内外科、妇产科和儿科等诸多科类，开创

了我国病历制度的先河，深刻影响了后世医学病例制度的发展。

淳于意发展了扁鹊的望、闻、问、切四诊医学理论，并且和扁鹊一样看病具有原则性。他热心于为民间百姓看病，却常常拒绝为权贵诸侯看病，因此得罪了许多权贵。于是这些对他怀恨在心的人便罗织了一系列莫须有的罪名呈给汉文帝，汉文帝便将淳于意押送到都城长安准备执行肉刑。

肉刑是一种摧残身体的残忍刑法，淳于意被押送前，他的五个女儿抱在一起痛哭。见状，淳于意不禁悲呼："生子不生男，缓急非有益！"他的小女儿缇萦听到这话很伤心，于是跟随父亲一起去到长安，冒着生命危险上书文帝，自愿成为官婢替父受罚。少时经历坎坷的文帝被缇萦深深打动，不仅放了父女二人，还废除了肉刑。缇萦救父的举动令文帝和皇后都称赞淳于意"教女如教儿"。

淳于意做人和他看病一样，十分灵活懂得变通，他没有像师傅公乘阳庆一样将自己的医学经验秘而不宣，而是因材施教，将自己的学识传授给诸多学生。淳于意的学生历史中记载的就有宋邑、高期、王禹、杜信、唐安等人，在当时他的带徒数量是数一数二的。

淳于意在我国古代医学史上的贡献是巨大的，医圣张仲景在《伤寒杂病论》的序文中提道：“上古有神农、黄帝、岐伯；中古有长桑、扁鹊；汉有公乘阳庆、仓公；下此以往，未之闻也。”

三、华　佗

华佗是我国古代医学史上医术高明却不趋仕途的“外科圣手”，他与董奉、张仲景并称为“建安三神医”。

华佗，又名旉（fū），字元化，沛国谯县（今安徽亳州）人，东汉末年著名医学家。和许多著名古代医学家一样，华佗年轻的时候也是游历各地为人们看病。在实践中，他特别善于根据实际情况施以治疗，他对病症相同的两名军吏开具不同的药方，两人服用后皆顺利痊愈。在华佗看来，他们虽然症状相同，但是一个病在体表只需发汗便可，但一个却是腹胀积热所致需要泻下。

华佗因为医术高明，沛国的国相陈珪和太尉黄琬都曾请他去做官，但他无心仕途都拒绝了。他一心扑在钻研医学和保健上，《三国志》中记载，“（华佗）时人以为年且百岁而貌有壮容”，这充分说明了华佗很重视保健养生。

我们如今所熟知的“五禽戏”，就是华佗为年老体弱之人所创编的一套养生操，通过模仿猿、鹿、熊、虎、鹤的动作来锻炼身体，以达到“血脉流通，病不得生，譬如户枢，终不朽也”的目的。华佗提倡的“生命在于运动”理论在多数人身体都处于亚健康状态的今天尤为适用，可以说，华佗开创了中国古代运动健身的先河。

当然，华佗最突出的成就还是在外科方面。他虽然在针灸诊法上造诣颇深，但是对于腑脏胃肠等内部郁积的病症却无法通过外部施针予以根治。后来，他收集了许多具有麻醉作用的药物，通过多次试验终于炮制出了世界上最早的麻药——麻沸散，这项发明比美国的乙醚麻醉要早了一千多年。

麻沸散能使病患陷入昏迷失去知觉，便于华佗剖开其腹腔切除肿瘤或者病变的结积物，而后再用桑皮线缝合伤口敷上膏药，伤口一般四五天后就会愈合。这种大胆前卫的手术方法颇具疗效，因此人们称华佗为“外科圣手”。

关于华佗的死因流传着不同

的版本，比较可信的一种说法是：华佗深知曹操的头风病并非短期能够治好的，而且就算是长期治疗也不能根治，再加上当时医生这个职业属于“方技”（古代非常低贱的职业），《三国志》中记载：“然本作士人，以医见业，意常自悔”，所以华佗并不愿意留在曹操身边做他的侍医。于是，华佗借故回到家中，谎称妻子生病自己要在家中照顾，曹操三番五次写信延请华佗，都被他推辞。后来，曹操派人到华佗家中查看，发现他撒谎，便一怒之下将华佗抓到监狱中拷问致死。

相传，华佗临死前将自己所撰写的《青囊书》交给狱卒，但狱卒因为害怕而不敢接受，华佗无奈之下只好将其焚毁，但他的医学经验却并没有被大火吞噬，他的学生将他的部分经验继承了下来，编撰出《吴普本草》和《本草经》，华佗的医学经验以此在后世得到了传承。

四、张仲景

张仲景是“建安三神医”之一，也是我国古代中医学领域的灵魂人物，他的《伤寒杂病论》是古代重要的医学著作，极大地推动了后世医学的发展。因此，他也被后世尊称为“医圣”。

张仲景，名机，字仲景，南阳涅阳县（今河南南阳）人，东汉末年医学家。

张仲景出生于一个大家族，他的父亲张宗汉是个官员，他从小便有很多机会接触古籍。因为对医学感兴趣，张仲景在少年时就拜名医张伯祖为师。他的勤奋好学深受张伯祖的喜爱，于是将毕生经验毫无保留地传授给了张仲景。

但时逢乱世，战事不断，瘟疫横行，短时间内，张仲景的许多族人相继去世。这些人大多死于伤寒（中医所说的伤寒是所有外感病的总称，其中包括瘟疫），这让张仲景痛下决心一定要研制出治疗伤寒的方法。于是他四处游历，在民间见到了许多饱受伤寒症折磨的百姓，了解了不同的伤寒病症。经过数十年钻研，张仲景将收集起来的医方进行整理，编纂出了一部重要的医学著作——《伤寒杂病论》，这部医书的问世奠定了张仲景在古代医学史上不可撼动的地位。

《伤寒杂病论》的“命途”十分多舛。它的成书时间约在公元200年到210年。随着张仲景的去世，这本书险些失传，好在晋朝一位名叫王叔和的太医令发现了残本，并加以整理。王叔和想办法四处收集《伤寒杂病论》的各种手抄本，仍未补全其中“杂病”部分的内容，所以王叔和将整理后的医书命名为《伤寒论》。

到了宋代，翰林学士王洙在书库中发现了一本被虫蛀过的竹简，书名为《金匮玉函要略方论》，林亿、孙奇等人将它与《伤寒论》进行对照，发现两本书的其中一部分十分相似，而另一部分则是讲杂病的，于是他们断定这正是张仲景所著医书《伤寒杂病论》的“杂病”部分，遂将其命名为《金匮要略》。

《伤寒论》和《金匮要略》共载二百六十九个药方、二百一十四味药物，基本涵盖了临床各科的常用方剂。《伤寒杂病论》是我国第一部提出中医“辨证论治”基本原则的医书，辨证论治即根据四诊（望、闻、问、切）所得出的情况加以分析，按照实际情况施以诊治，这种理论与实践相结合的中医临床诊法至今仍在沿用。

五、王叔和

王叔和谦谨好学，专研医术，一生中有两大成就：一是整理了张仲景《伤寒杂病论》中的“伤寒”部分内容，并为其命名为《伤寒论》；二是撰写了脉学专著《脉经》。

王叔和，名熙，字叔和，高平（今山西高平，一说山东济宁）人，西晋时期的医学家和医学理论家。

王叔和少年时期家境十分贫寒，他却勤奋好学，并养成了谦逊沉稳的性格。他喜欢阅读书籍，并且对医学十分感兴趣，久而久之便学会了看诊治病，但因为家境贫寒，衣衫褴褛，始终得不到人们的信任，于是他只能离开家乡四处游历，过着食不果腹的日子。

王叔和在游历过程中，治好了一些人的疑难杂症，渐渐有了一些名气，在三十二岁那年成为魏国少府的太医令。也正是这一契机，让在民间失散漂泊了多年的《伤寒杂病论》遇到了它的第一个贵人。

王叔和收集的《伤寒杂病论》民间手抄本，共著论二十二篇，记述治法三百九十七条，载药方一百一十三个，王叔和将其整理出了《伤寒论》。清代医学家徐大椿称："苟无叔和，焉有此书？"如今我们还能了解到张仲景《伤寒杂病论》中的医学精髓，王叔和功不可没。

他的另一项斐然成就便是编撰了《脉经》，这得益于他在贫寒时期阅读医学典籍时对脉学的深刻研究。《脉经》共十卷，九十八篇，其中系统归纳了二十四种脉象，不仅对脉象进行了详细分析，还对相应的病症进行了描述，是我国现存最早的脉学专著，也是第一部对脉学从理论到临床实践都做出较为全面、系统论述的医书著作。《脉经》不仅为后世的脉学发展奠定了理论基础，还具有指导临床实践的重要意义。

《脉经》汲取了扁鹊、淳于意、华佗、张仲景等多位前人的脉学论述，还选录了《内经》《难经》以及《伤寒论》等著作中的脉学内容。王叔和以自己的临床实践经验和脉学理论，将《内经》和《难经》中晦涩难懂的内容阐述得通俗易懂，这对脉学理论的推广和普及具有重要意义。可以说，《脉经》是一部集前人理论及自身医学实践之大成的优秀医学著作。

六、皇甫谧

皇甫谧一生著述颇多，除了医学著作外，还编撰了许多文学著作。他的《针灸甲乙经》是一部重要的中医针灸论著，这部著作的问世也奠定了他在针灸史上的重要地位。

皇甫谧，幼时名为静，字士安，自号玄晏先生，安定郡朝那县（今宁夏固原，一说甘肃灵台）人，是西晋时期负有盛名的医学家和文学家，被誉为“针灸鼻祖”。

皇甫谧出生于名门世家，但因处于战乱年代，所以家道日益衰落，他出生时母亲便去世了，后来他被过继给了自己的叔父，十五岁时又跟着叔父一家搬到了新安（今河南新安县）。叔父和叔母都对他很好，皇甫谧却贪玩成性不思上进，整日东游西荡不务正业，被人嘲笑，就连一向疼他的叔母也开始担忧他的前程。

有一次，皇甫谧捧着从外面弄来的瓜果想要孝敬叔母，不料叔母却十分生气地说："汝今年余二十，目不存教，心不入道，何以慰我？"皇甫谧听后十分羞愧，从此改掉恶习，开始发愤学习。他性子沉静，常常在田间劳作时仍带着儒家典籍著作，在习得百家经典之后，便立志此生要以著述为生。

虽然生活在那个动荡的时代，但皇甫谧却始终保持着自己的初心，他一生著作颇多，出名的文学作品有《历代帝王世纪》《高士传》《列女传》《逸士传》等。随着他的名气渐大，皇帝多次征召他入仕，但他不为所动均未应允，他的心思全部放在著书立说上，甚至达到了废寝忘食的程度。

在四十余岁时，皇甫谧不幸患上了风痹症（痛风），为了治好自己的病症，皇甫谧开始潜心研究医学，并撰写了《针灸甲乙经》。

《针灸甲乙经》又称《黄帝甲乙经》《黄帝三部针经》《黄帝针灸甲乙经》，是我国现存最早的一部理论与实际相结合的针灸学专著。全书共十二卷，一百二十八篇，收录穴名共三百四十九个。这本书也总结了前人的经验，收录了《素问》《针经》《明堂孔穴针灸治要》中的针灸学内容。

皇甫谧收集这些“参考书”并不轻松，好在他并未向困难低头，而是想尽办法或找、或借、或买，最终搜寻来了自己所需要的医书。他并不是简单地摘录前人医书中的内容，而是取其精华、去其糟粕，结合实践经验进行筛选和整理。皇甫谧在书中不仅记录了各种基础理论以及各类病症的治疗方法，还明确了穴位的位置和名称，并对针刺深度与灸的壮数（施灸时所用艾炷的数目）也进行了详尽的描述。唐代医学家王焘认为此书是“医人之秘宝”，唐代的医署也因此开设了针灸科，可见《针灸甲乙经》为我国针灸学的理论发展作出了卓越贡献。

七、陶弘景

陶弘景是一位集医者、道士以及国之谋士等身份于一身的奇才，一生中所著作品颇丰，被人们称为“山中宰相”。

陶弘景，字通明，自号华阳隐居，谥贞白先生，丹阳秣陵（今江苏南京）人，南朝时期著名医学家、道教学者和炼丹家。

陶弘景出生于南朝士族家庭，自幼十分聪慧，十岁时读了葛洪的《神仙传》，就立志养生，几年后，他编著了《寻山志》。他二十岁即为诸王侍读，后拜左卫殿中将军。但为官并非他的目标，年近三十岁时，陶弘景又拜道士孙游岳为师，三十六岁时辞官到句曲山（茅山）的华阳洞隐居，创立了茅山宗。

公元502年，南梁灭南齐，陶弘景的好友梁武帝萧衍登基，他希望陶弘景能出山辅佐自己，但陶弘景无心仕途，于是画了一幅二牛图送给萧衍，画中一头牛在自在地吃草，另一头牛虽套着金笼头，但却被人牵着鼻子走。萧衍看完画明白了他的用意，遂不强求。但陶弘景虽然人不在朝中，两人却长期保持着书信来往，朝中的重大决策，萧衍都会写信询问陶弘景。因此，陶弘景又被人们称为“山中宰相”。

因为信奉道教，陶弘景对炼制丹药有很深的研究，梁武帝也给了他不少物质支持，供给黄金、朱砂、雄黄等原料。在炼丹过程中，陶弘景掌握了不少化学知识，例如水银能化金银成泥，胡粉（碱式碳酸铅）是化铅得来的，黄丹（四氧化三铅）是熬铅所得。世界上最早出现的钾盐鉴定也是陶弘景发现，并记载在著作中。

当然，他的成就并不止于此。陶弘景发现，当时的本草书籍有很多，但内容都不统一，有些书因为年代久远，内容十分散乱，记载不明确，分类也不清晰，这就导致在临床应用中会产生诸多不便。于是，他将这些书籍重新整理，编辑成两本书，即《神农本草经》和

《名医别录》。他还用“赤字”和“黑字”区分本经文和后加入的内容，这种方法被后来的注释家一直沿用。陶弘景仍觉得这两本书不够方便、简练，于是他进一步将两本书合二为一，再加上自己的一些理解，重新编著成《本草经集注》，成为我国本草学发展史上的一块里程碑。

《本草经集注》全书共七卷，记载药物七百三十种，分为玉石、草木、虫、兽、米食、果、菜七类，这种药物分类方法为陶弘景首创，一直沿用到今天。除了《本草经集注》外，他的医学著作还有《补阙肘后百一方》《效验施用药方》《服食草木杂药法》《养性延命录》《集药诀》等，这些医书大多数已散失。

第三章

隋唐医学家

一、孙思邈

孙思邈将行医几十年的经验，编撰成《备急千金要方》《千金翼方》，并主持完成了世界上第一部国家药典《唐新本草》。他逝世后被后人尊称为“药王”。

孙思邈，京兆华原（今陕西铜川）人，隋唐时期著名医学家。少时的孙思邈家境贫寒，又因身患疾病，所以经常需要请大夫看诊。因看病要花费不少钱财，所以孙思邈便决定自己学医。

孙思邈是一位“天才少年”，他七岁时就能识千字，二十岁时便精通道家典籍。

这样优秀的人放在哪个时代都是帝王将相想要争取的人才，然而孙思邈却对仕途和功名全然不在乎，随国公杨坚（后来的隋文帝）召其任国子博士，都遭到了他的拒绝。之后，唐太宗和唐高宗曾先后召孙思邈任国学博士、谏议大夫等职，孙思邈均谢绝了。他认为，做官会变得世故，这样便不能随意为人治病，与他的初心相违背。

孙思邈一生致力于医学，于隋开皇元年（581 年）隐居于太白山，他钻研医学著作的同时，还采集草药研究药物的药性，并确定出二百余种中药材适合采集的时节。另外，他还十分重视民间医疗的实践经验，将这些经验融会贯通，最终撰写成了《备急千金要方》和《千金翼方》两部医学著作。

《备急千金要方》又称《千金要方》《千金方》，是我国历史上第一部临床医学百科全书，被国外学者推崇为“人类之至宝”。该书共三十卷，总计二百三十三门，合方、论五千三百首。本书总结了唐以前的医学成就，汇集药方广泛，且内容十分丰富，其中对妇科、儿科的专卷论述还为宋代妇科和儿科的独立发展奠定了基础，书中提到的许多养生方法至今仍然可行。

孙思邈晚年所著《千金翼方》是对《千金要方》的全面补充，全书共三十卷，分一百八十九门，合方、论、法二千九百余首，内容涉及广泛，包含伤寒、中风、杂病和疮痈等。此外，该书还记载了八百余种药物，其中对两百余种进行了详细介绍。《千金翼方》还收录了晋代至唐朝流散到民间的《伤寒论》条文，对《伤寒论》的保存和传承起到了重要作用。

孙思邈还著有以针灸作为辅助治疗方法的《明堂针灸图》，以及介绍伏火硫黄法具体操作的《丹经内伏硫黄法》，这也是我国历史文献中最早关于火药配方的记载。

二、巢元方

巢元方的生平事迹在史料中缺乏详细记载，但他对中华医学发展的伟大贡献却是不可忽视的。由他主持编纂的中医病因和证候学著作《诸病源候论》，为历代医者所推崇。

巢元方，隋代著名医学家，籍贯、生卒年均不详。隋大业年间任太医博士，后升为太医令。巢元方的医学理论造诣颇深，且具有丰富的医疗实践经验，任职期间处理了许多疑难杂症。

隋大业五年（609 年）八月，主持开凿运河工程的开河都护麻叔谋患上了风逆病。《黄帝内经》中记载：“风逆，暴四支肿，身漯漯，唏然时寒，饥则烦，饱则喜变。”病痛折磨得麻叔谋关节疼痛，一起身便会头晕作呕。他寻遍诸医，未能找到有效的治愈方法。隋炀帝得知后便派巢元方前往为其诊治，没想到按照巢元方的方子，药还没有服用完，麻叔谋的病就痊愈了。

这是《开河记》一书中关于巢元方的历史记载，也是古代典籍所记录的为数不多与他有关的资料。然而，他一生中最大的成就还是在隋大业六年（610年），受隋炀帝之命主持编纂整理了《诸病源候论》。

《诸病源候论》，又名《诸病源候总论》《巢氏病源》，是中国第一部专论病因和证候的著作，也是第一部由朝廷组织、集体纂作的医学理论巨著。全书共五十卷，按病因证候分六十七门，共载列专论一千七百三十九条。该书虽不记载治疗方剂，但以《内经》为基础，对内、外、妇、儿各科病证，以及传染病、寄生虫病、外科手术等方面进行了具体论述。其中关于肠吻合术、人工流产和拔牙等手术的记载，在世界外科史上都是首创。

从《汉书·艺文志》到《隋书·经籍志》所记载的古代中医书籍繁多，有近三百种，五千三百多卷，但能够流传下来的却极少，其中一部分医书能够保存下来都得益于《诸病源候论》的编纂。《诸病源候论》是研究隋代以前中医学术成就的重要文献，对唐代以后的医学发展影响很大。

三、杨上善

杨上善一生颇为长寿，历经隋唐两朝，官至太子文学，编有《黄帝内经太素》三十卷。据史料记载，杨上善医术精湛，凡其诊疗之人无不痊愈。

杨上善，隋唐时期著名医家，曾先后任隋朝太医侍御、唐朝太子文学，于唐高宗调露二年（680年）九十二岁告老归家，次年卒于家中，享年九十三岁。

关于杨上善的生平寥寥几句便可概括，关于他的史料文字记载，我们只能从他的著作序词中得以窥见。然而，他漫长的一生却并不像历史记载那般简单，他为古代医学作出了卓越的贡献。

因对《黄帝内经》深感兴趣，杨上善对其研究颇深。《黄帝内经》分为《灵枢》和《素问》两个部分，是中国最早的医学典籍。杨上善对这本被称为“医之始祖”的医学著作进行研究，是在一定程度上提升自己的医学素养。

研究之外，杨上善还开始尝试效法魏晋时期著名医家皇甫谧的编撰体例，对《素问》《灵枢》进行了重新编排及注释，于是编著成了《黄帝内经太素》一书。这是第一本分类研究《黄帝内经》的注本，构建了中医理论体系的基础框架。此书的原本为三十卷，现今国内只存有二十三卷残本。

杨上善根据《素问》《灵枢》内容及性质的异同，将它们各归其属，分为摄生、阴阳、人合、脏腑、经脉、腧穴、营卫气、身度、诊候、证候、设方、九针、补泄、伤寒、邪论、风论、气论、杂病等大类。他的注释是《黄帝内经太素》的一大亮点，不仅颇有深意，而且富有特色。比如，他对“豹文刺”作注“左右前后，状若豹文，故曰豹文刺也”，清晰明确，形象生动，易于理解。

《黄帝内经太素》不仅将《素问》《灵枢》进行了分类，还几乎包括了唐代所存《黄帝内经》的全部内容。更难得的是，杨上善对原书的文字并未加以改动和杂糅，这也为后世研究《黄帝内经》提供了真实可靠的历史资料。

除《黄帝内经太素》之外，杨上善还著有另一本传世名作——《黄帝内经明堂类成》。这是一本针灸著作，简称《黄帝内经明堂》，是我国第一部腧穴学专著《黄帝明堂经》的注本。此书共十三卷，前十二卷论十二经脉腧穴，最后一卷论奇经八脉，此书曾作为唐朝太医署规定的针灸学习主要课本，可见其内容的丰富和注解的专业。

四、张文仲

张文仲善治风疾，灸术精湛，《旧唐书·方伎传》中记载："武则天、中宗以后，诸医咸推文仲（李虔纵、韦慈藏）等三人为首。"

张文仲，洛州洛阳（今河南洛阳）人，唐代著名医学家。因医术高超，曾为唐高宗和武则天时期的宫廷侍御医，到晚年又担任尚药奉御（职位最高的太医）一职。

张文仲年轻时与李虔纵、韦慈藏一并闻名于世，撰有《张文仲灸经》《疗风气诸方》《法相论》《四时常服及轻重大方诸方》和《随身备急方》等。其中，《随身备急方》三卷和《法相论》一卷均已失传。

在行医的一生中，张文仲勤勤恳恳，尤擅长治疗"风疾"，他提出风有一百二十四种、气有八十种，治疗要因时、因人而异，如脚气、头风需要一直服药，其他则是随时发病、随时处置。如果庸医不加区分地同样用药，就有可能“冬夏失节，因此杀人”。

那何为“风疾”呢？《灵枢》中说，它是人体虚弱时，风邪入侵所致。风侵入脑，就会引起头晕，头晕又引起目眩，使人视物不清。

据《新唐书·后妃传》载，仪凤三年（678年），一天唐高宗突然觉得头脑晕眩，目不能视，遂召来张文仲问诊。经诊断后，张文仲很快断定是“风上逆”所致，便告诉武则天“砭头血可愈”，即用针刺头部使之出血才能治好，武则天一听便要砍掉张文仲的脑袋。好在高宗认为张文仲作为侍医议疾，出言诊治并无过错，况且自己的情况已然如此，不如放手一试。经过张文仲连续的针刺治疗，高宗觉得轻快了不少，大声道：“吾目明也！”武则天见状也对张文仲进行了嘉奖。

在一次朝会上，宰相苏良嗣在跪拜时突然晕倒在地，武则天迅速召来张文仲为其诊治。经过诊断，张文仲认为苏宰相的病症为心绞痛，是长期郁愤积压所导致的，服药后症状会消失，但若痛入心，就无药可医了。果然，不久后苏良嗣就心痛起来甚至无法服药，傍晚时便不治身亡了。经此一事，朝廷上下无不赞叹张文仲的高明医术。

张文仲治疗风疾的本领在当时可谓是独树一帜，于是武则天便令他召集举国名医，集体撰写治疗风疾的医书，即《疗风气诸方》。而后，张文仲将最常见风疾所用的十八药呈给了武则天，武则天大喜纳之。

除此之外，张文仲的灸术也十分精湛，他将自己针灸的经验编撰成《张文仲灸经》，此书与《疗风气诸方》《随身备急方》等一同被唐代医学家王焘收入《外台秘要》一书。

张文仲在中国古代医学史上独树一帜的理论和实践经验，丰富和完善了唐代医学理论，有效推动了古代中医学的发展。

五、王冰

王冰一生潜心医学，热衷于摄生之术和运气学说，对《黄帝内经》中的《素问》有着长达十二年的研究，他撰写的《补注黄帝内经素问》为古典医籍的保存作出了卓越的贡献。

王冰，号启玄子，又作启元子，唐代著名医学家，唐宝应中（762—763年）为太仆令，故人称王太仆。受唐朝尊奉道家风气的影响，他自幼崇尚道家，笃好易老养生之学。

王冰年轻时拜名医玄珠为师，得师传经典《素问》。在入仕之后，他潜心研究医学，并对《素问》进行了长达十二年的研究。王冰结合自己丰富的医学经验，理解了《素问》中的深奥内容，最终著成《补注黄帝内经素问》二十四卷，八十一篇。

王冰对《黄帝内经》的注解对后世具有重要意义，是后世医家研究该书的蓝本：其一，他对其内容进行了重新整理、注释、编排，为《黄帝内经》的内容传承作出了贡献；其二，他对《素问》与《灵枢》的梳理很大程度上为后世补全《灵枢》（即《针经》）提供了史料依据；其三，他补入的《天元纪大论》《五运行大论》《五常政大论》《六微旨大论》《六元正纪大论》《气交变大论》《至真要大论》等篇章，比较客观地反映了运气学说，为后世运气学说之本。

除此之外，王冰的一些医学理论在当时也独具个人特色。他在解释《素问》中“微者逆之，甚者从”时，提出了人火、龙火的概念，认为这是两种性质完全不同的火，前者属于一般的火热，其性质属阳热而伤阴液，可以用寒凉药物治疗。

他还认为五脏在人体内的作用和性质不同，《素问·经脉别论》在论述水液输布时便谈及肺、脾二脏的重要性，他在注释中尤其强调肺、脾、肾三脏在水液代谢方面的功能。他所提出的“冲为血海，任主胞胎，二者相资，故能有子”理论，为历代医家所遵奉。

另外，他还认为各种疾病的病因、病机可概括为四类：“一者始因气动而内有所成；二者不因气动而外有所成；三者始因气动而病生于内；四者不因气动而病生于外。”

王冰把病变分作因气动和不因气动两类，每类中又辨其为外感或内伤。这种分类方法将病因、病机结合在一起，有别于三因学说，在后世备受医者的推崇。

在治疗原则上，王冰指出“治病求本，本于阴阳”，治疗元阳之虚，主张“益火之源，以消阴翳”。而治疗真阴之竭，则提出“壮水之主，以制阳光”。在此之外，他还在《至真要大论》的一段注文中反复强调要通过现象看本质。

六、陈藏器

因自幼跟随父辈采药，陈藏器从小便是一名“草本学爱好者”。他十五岁时，“邻里求医，均悉数痊愈”。他研习各类本草医书，汇集前人遗漏的药物，编撰成《本草拾遗》一书。

陈藏器，四明（今浙江宁波）人，唐代中药学家。陈藏器从小便跟随父辈一起采药，因为聪慧过人，八岁便能识得百草，对那些相似的草药还能过目不忘，同行的老中医夸赞其将来必成大器。他十岁时便开始帮父亲煎药，顺便学习本草植物的入药方法。他十三岁那年，母亲身患疾病，父亲尝试了很多方法仍无济于事。母亲去世后，陈藏器更是下定决心好好研习本草，以解百姓疾患。

开元年间（713—741年），陈藏器任京兆府三原县尉。在此期间，他一直秉承为民爱民的思想。相传，在他任职时，当地有一位姓韩的贫寒百姓，因长期治不起病，一日在经过府衙时咳血昏厥。陈藏器得知此事后，亲自为其看诊，并诊断出这人患有肺疾。随后，陈藏器命人拿来一种神秘的“药茶”，叮嘱这位病人每天饮用两次。半年过去，这人的病竟然真的痊愈了。陈藏器给这位百姓赐药茶治病的事情很快传遍了大街小巷，许多患者都慕名前去求医，陈藏器也都对症赠予他们药茶。

726 年，皇子李瑁突发怪病，症状表现为饥饿却难以进食，这导致李瑁瘦骨嶙峋，毫无气色，整日瘫卧于病榻。担心儿子的唐玄宗寻来多种药剂，仍旧不见效果，大怒之下罢免了许多太医。陈藏器听闻此事后进宫面见玄宗，将“药茶”秘方奉上，但同时禀告玄宗：“寒者温之，热者寒之，虚者补之，实者泻之。”玄宗将信将疑。没想到按照陈藏器的疗法，李瑁没过多久便痊愈了。玄宗大喜过望，赏赐了陈藏器。

陈藏器为李瑁治病所用的便是“本草茶疗”，这一概念出自《本草拾遗》的“诸药为各病之

药，茶为万病之药”。

《本草拾遗》（一名《陈藏器本草》）是陈藏器在陶（弘景）、苏（敬）对《神农本草经》的补集基础上，汇集前人遗漏药材后撰写的一部医书，分为《序例》一卷、《拾遗》六卷、《解纷》三卷。他在《序例》中将中药的药物性能归纳为十类：宣、通、补、泄、轻、重、滑、涩、燥、湿，这就是方剂学上著名的“十剂”之说，至今仍为中医界应用。

一生为官为民、专研中医药理的陈藏器调配了大量的茶疗秘方，为我国茶疗的发展作出了重要贡献，一些茶疗秘方还流传到了东南亚国家。明代李时珍评价陈藏器：“博极群书，精核物类，订绳谬误，搜罗幽隐，自本草以来，一人而已。”

七、王 焘

王焘是南平公主的儿子，从小生活富足，但体弱多病。因常年与医药做伴，从而对医学产生了浓厚的兴趣，遂常向名医请教经验。他经过刻苦钻研后，最终得以精通医理。

王焘，陕西眉县人，唐代著名医学家。他引用医家典籍六十部所著成的《外台秘要》，深受后世赞誉。

王焘出生于富贵的官宦人家，他的祖父王珪是与房玄龄、杜如诲、魏征齐名的大唐宰相，父亲王敬直是南平公主的驸马。王焘自幼多病，母亲南平公主也有疾患。他十分孝顺，常常不分昼夜照顾母亲，还常把“齐梁间不明医术者，不得为孝子”挂在嘴边，刻苦钻研医学，以医治母亲的病患。

为了能更好地钻研医学方面的知识，曾任徐州司马和邺郡太守的王焘自愿前往弘文馆任职，因为在这个“皇家图书馆”可以阅读大量医书古籍。王焘在弘文馆一待便是二十年，他对《千金要方》及《肘后备急方》等著作进行了仔细研究，还将晋代以来影响较大的医学书籍进行了系统整理和摘录，如陈延之的《小品方》、张文仲的《张文仲方》等。就这样，他累积了大量的医学知识。

当时的许多百姓受宗教文化的影响，比较迷信，大都相信宿命和巫术，认为“阎王叫你三更死，不可留人到五更”，只有通过巫术才能救人性命。然而王焘却认为，人生病大多是饮食、风邪等外在客观因素导致的，与神鬼无关，迷信巫术只会害死更多人。于是，他决心总结前朝的医学成就编纂成书，以此来拯救万民，《外台秘要》就是在这样的背景下诞生的。

《外台秘要》又名《外台秘要方》，全书共四十卷，收方剂六千多首，是王焘在弘文馆博览群书，专研前人医书药方，历经数十年编撰整理完成的综合性中医著作。此书内容丰富，记载了内科病、五官病、二阴病、

中恶、金疮、恶疾、大风、妇人病、小儿病、虫兽伤等病症。各个门类先以巢元方的《诸病源候论》为基础提出医论，之后再有针对性地引用方剂，药方大多选自孙思邈的《千金要方》，并且每一首药方都注明了出处，这不仅给后来的研究提供了有证可查的便利，还间接保留了许多已佚书籍的内容。此外，书中记载的许多治疗方法和药剂实用性极强，其中治疗白内障的金针拔障术不仅是我国中医史上对这种方法最早的记载，而且这种方法一直到今天仍在沿用。

《外台秘要》作为中医必读课本，在中医药界地位崇高，它与《诸病源候论》和《千金要方》并称为隋唐时期的三部医学代表作，为研究中国医疗技术史及发掘中医宝库提供了极为宝贵的资料和考察依据。

八、昝殷

昝（zǎn）殷精通医理，特别擅长妇产科和药物学。他根据经验编著成医学专著《经效产宝》，这是我国现存最早、流行最广的妇产科专著。

昝殷，蜀地成都（今四川成都）人，唐代名医，古代医学史上少有的妇产科专家。

唐大中六年（852年），西川节度使白敏中（白居易之弟）驻守成都，因为家中妇人患产褥病生命垂危，有人便向他推荐了昝殷。昝殷查看妇人病情后，便开出了药方，妇人的病很快就得到了好转。白敏中欣喜之余也感到十分惊讶，便向昝殷问起病理，昝殷于是将自己撰写的三卷关于经、带、胎、产及产后诸病的著作呈给白敏中。白敏中仔细研读后觉得该书十分简要实用，便为之取名《产宝》。之后，宋人周颋、李师圣、郭稽中等续写了《附论》一卷，将全书命名为《经效产宝》。

《经效产宝》的体裁仿照孙思邈的《千金要方》，全书三卷，续写一卷，原书五十二篇论，三百七十一方。现存版本有四十一篇论，三百七十四方。书中展现了昝殷的妇产科主张，他认为妊娠期以养胎保胎为要，治疗上重视调理气血、补益脾肾为辅的主张，还对安胎、食忌、漏胞下血、胎衣不下等妊娠杂病及难产等疾病，以及妇女产后病症的治疗和防范进行了论述，还对救治难产时应内服的药物和方法进行了介绍。

在学术思想方面，昝殷在专注妇产方面的同时也十分注重食疗，他所撰写的《食医心鉴》也是我国中医典籍中不可多得的食疗方书。《食医心鉴》又名《食医心镜》，全书共三卷，所载食疗方一百三十八首，剂型有粥、羹、酒、索饼、茶、乳、馄饨、脍、菜肴、丸、汁等十余种，书中详细论述了中风、心腹冷痛、脚气、脾胃气弱、噎、消渴、水肿、淋病、妇人妊娠产后、小儿诸病等食疗方剂。

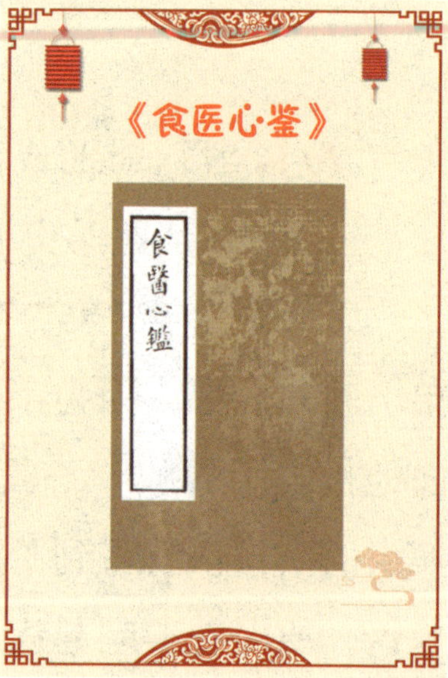

另外，昝殷还十分重视脾胃的生理功能，提出了影响

至今的“以形补形”思想。他认为脾失健运，则“万病辐凑”，所以不可忽视对脾胃的调理，“风眩之用羊头肉，骨节疼痛之用虎胫骨浸酒，产后心惊之用猪心羹方等”，他的许多配伍原则直到今天仍然具有很高的参考价值。

虽然《食医心鉴》在宋代以后失传，但部分内容存于唐慎微的《证类本草》和朝鲜人金礼蒙的《医方类聚》中，且日本的多纪元坚有辑佚本。可见，《食医心鉴》在食疗研究领域的影响十分广泛。

第四章

宋金元医学家

一、王惟一

王惟一一生潜心医学，他撰写的《铜人腧穴针灸图经》，是集宋代以前针灸学之大成的经典著作。此外，他奉旨铸造的两座针灸铜人对古代针灸学的发展作出了重大贡献。

王惟一，又名惟德，宋朝杰出针灸学家、医学家、教育家。他“素校禁方，尤工厉石”，创铸铜人为式，校订经穴理论，为针灸教学和经穴理论的发展与规范作出了巨大贡献。

宋朝时，针灸学盛行于世，但有关针灸学的古籍却存在许多错漏，不是图谱模糊难辨，就是文字叙述十分含糊，这就导致临床应用中的事故不断增多。王惟一意识到了经穴规范化的重要性，为了统一针灸诸家之说，他多次上书皇帝请求编制规范的针灸图谱，并铸造标有十二经循行路线及穴位的铜人。

得到宋仁宗许可后，王惟一亲自设计铜人，从塑坯、制模再到铸造，他都和工匠们同吃同住，攻克了无数技术难关，终于在1026年铸成了两座针灸铜人。

据《齐东野语》记载，两座铜人“以精铜为之，藏府无一不具，其外俞穴，则金书穴名于旁，背面二器相合，则浑然全身”，王惟一制作铜人时选用的是精制铜，三百五十四个穴孔刻于铜人，孔内装满水银，外封防止水银流出的黄蜡，铜人内装有用铜铸成的脏腑。不仅如此，他在设计针灸铜人时还兼具了科学性与工艺性，对脏腑、循行经络以及穴位进行了精准布局。

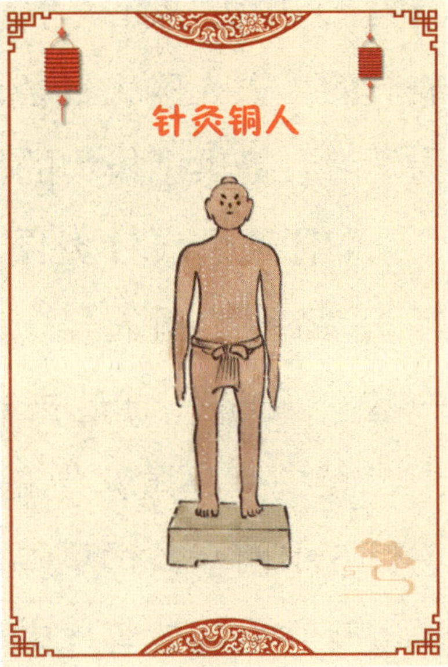

宋仁宗见铜人的制造如此精良，十分欣喜，他下令将其中一座铜人当作艺术品以供鉴赏，另一座则放在医馆院内作为教学器具。

在之后的医官应试时，考官会出题针刺某穴或提问何病症该针刺何穴，学生则照题试针。若下针位置正确，针一刺入，针穴内的水银便会流出；若下针位置不对，针就刺不进去。铜人的铸造，极大地促进了中国针灸界学术和教学的发展，故为后世针灸学家所推崇，即使在今天仍然在使用它进行教学。

为了使穴位得以固定统一，王惟一还从《内经》和《难经》中汲取针灸学理论，并结合自身实践撰写了图文兼具的《铜人腧穴针灸图经》，这本图经和铜人互为补充，为学习者提供了极大的便利。

《铜人腧穴针灸图经》全称《新铸铜人腧穴针灸图经》，简称《铜人经》。全书共三卷，附有《腧穴都数》一卷。王惟一通过去伪存真和“以铜人为式，分脏腑十二经，旁注腧穴”的研究方法，考订了针灸穴位名称三百五十四个，详尽叙述了各个穴位的间距长短、刺针深浅以及主治功效等。宋仁宗阅览此书后，下令将图经刻在石碑上置于开封大相国寺仁济殿内，以便传至后世。

在当时的医疗教学和医官考试中，铜人和《铜人腧穴针灸图经》起到了很大的作用，促进了我国针灸学的发展。王惟一一生致力于针灸学的研究和文献整理工作，为我国针灸学的发展作出了不可磨灭的贡献。

二、钱 乙

钱乙因精通《颅囟经》成名，后因善于治疗儿科疾病而声名鹊起。他在儿科医学方面的许多主张得到了后世的肯定，因而被后世称为“儿科之圣”。

钱乙，字仲阳，郓州（今山东东平）人，宋代著名医学家，也是中国医学史上著名的儿科医学家。

钱乙幼时丧母，父亲云游不知归期，姑母收养了他。钱乙长大后便跟着姑父学习医术，他勤勉好学，对《内经》《伤寒论》《神农本草经》等医书钻研颇深，特别是《神农本草经》，“多识物理，辨正阙误”。有人拿不同的药请教他，他都能对“出生本末”的不同以及“物色名貌”的差别进行详细解答。

长大成人后，钱乙钻研《颅囟经》，治愈了很多皇亲国戚的孩子，因此被皇帝封为太医丞，并赐给他饰金的鱼符和四品官服。

《四库全书总目提要》称“钱乙幼科冠绝一代”，能得到如此高的评价，离不开他对儿科四十年如一日的深入研究。古代医家称小儿科为哑科，因为小孩子脉搏微弱难以准确判断，且他们的语言表达能力弱，不能靠问诊了解病情。同时，小孩子的肺腑十分柔弱，用药需十分谨慎，稍有差池便会病情反复。钱乙在行医过程中深以为然，说：“脉难以消息求，证不可言语取者，襁褓之婴，孩提之童，尤甚焉。”

他经过多年实践，最终攻克了这道难关。他总结出了小儿的生理特点为“脏腑柔弱”“五脏六腑，成而未全，全而未壮”，病理特征为“易虚易实，易寒易热”，并据此逐步摸索出了一整套诊治方法。

在诊断上，他添加了“面上证”与“目内证”两种特殊的观察方法，主张从面部和眼部诊察小孩的五脏疾病，认为可以从面部不同部位的颜色变化来判断孩子的病症。在用药方面，他主张“柔润”的原则，认为用药当平和柔润，不宜过猛，因此他创研出很多行之有效的方剂，如治疗痘疹的升麻葛根汤、治疗肺寒咳嗽的百部丸、治疗小孩心热的导赤散、治疗寄生虫病的安虫散等。

在钱乙之前，我国专门治疗儿科疾病的资料十分有限，钱乙结合前人有限的文献资料和自己丰富的实践经验，编纂了许多儿科医学著作，如《婴孺论》百篇，现如今此书已失佚；现存的《小儿药证直诀》是钱乙逝世后，其弟子阎季忠将他的医学理论、医案和经验方进行汇集、整理后编成的。

《小儿药证直诀》共三卷，上卷言证，中卷为所治病例，下卷为方剂，本书第一次系统地总结了儿科辨证施治法，使儿科自此发展成为一门独立的学科。该书记述了多种初生疾病和小儿发育营养障碍疾病，以及多种有效的方剂。最早从皮疹的特征来鉴别天花、麻疹和水痘；最早记载百日咳的证治；创立了我国最早的儿科病历，这些都出自《小儿药证直诀》。《四库全书总目提要》对此书有很高的评价："幼科之鼻祖，后人得其绪论，往往有回生之功。"此书为历代中医所重视，是研究儿科的必读之书，这部世界上最早的儿科专著也是钱乙留给儿科医学史的重要资料。

三、唐慎微

唐慎微一生致力于药物学的研究和民间单验方（由一味中药构成的方子）的收集，在药物学及方剂对照方面作出了巨大贡献，被誉为“药学始祖”。

唐慎微，字审元，蜀州晋原（今四川崇州）人，北宋著名医学家、药物学家。他出身于医学世家，虽然不善言辞，但十分聪慧，医术高超且为人善良正直，对病患一视同仁。患者不论高低贵贱，只要请他去治病，他必然风雨无阻地前往。遇到读书人，他从来不收诊疗费，但作为交换，唐慎微需要他们将各种经书古籍中发现的药名、方论告诉自己，以便自己收集整理。

在宋代以前，因为书籍大多依靠手抄笔录，这样的方式并不利于医书的流传，一本新的著作问世若干年以后，大多都会失传。就算流传下来，也会因为经过反复传抄而错误百出。北宋时期，印刷术得到普及，许多医药书籍才得以刻版流传。

北宋开宝年间和嘉祐年间，由朝廷组织人员编写了《开宝本草》《嘉祐本草》和《图经本草》三本药书。这三本书在官修本草时，遗弃了古代医书中的许多药学资料。

唐慎微认为，保留前人的药学知识是当务之急，如果不尽快进行收集整理，那些之前手抄的诸多药学资料就将会散失。于是，尽可能收集前人手抄的药学资料成了唐慎微最大的心愿。

唐慎微依靠自己过硬的“人品”打开了另一条获取资源的途径，这就是我们上面所提到的为读书人看病，不收钱，只以名方秘录作为报酬。积年累月后，唐慎微收集到了大量的医药资料。他将这些资料结合自己的实践，在《补注神农本草》《图经本草》等书的基础上编著成了《经史证类备急本草》。

《经史证类备急本草》简称《证类本草》，全书共三十一卷，收载药物一千七百四十八种，附方三千余首。该书首创“方药对照”的编写方法，即在药物图片后说明此药的采集、炮制及主治功能，并在药物之后附上有关方剂，这种图文对照的方法至今仍在沿用。

《证类本草》中的药物插图栩栩如生，有着很高的学术价值。在该书从问世到《本草纲目》刊行的五百年间，没有别的本草书在内容方面能与之媲美。

《证类本草》囊括了上自《神农本草经》，下到北宋《嘉祐本草》以前的历代医药文献精华，是中国现存年代最早、内容最完整的一部划时代本草学名著。明代医药学家李时珍评论说："使诸家本草及各药单方，垂之千古，不致沦没者，皆其功也。"

四、刘完素

刘完素幼年时，母亲因病情延误而不幸逝世，他因此立下学医的志向。经过不懈的努力，他不仅掌握了丰富的医学知识，还创立了中医学中著名的“寒凉派”。

刘完素，字守真，自号通玄处士，河间（今河北河间市）人，世称刘河间，是金代著名医家，“金元四大家”之一。

因为家境贫困无钱治病，刘完素幼年便失去了双亲，因此他立志学医，希望将来能够为百姓治病。他早年拜师陈师夷，学有所成后便离开师傅独立行医，在行医期间声誉渐隆。

刘完素身处战乱时代，他生活的河间地区是金宋交战的主要战场。战乱和天灾带来的疫病困扰着百姓，但根据宋时的用药习惯，人们仍然使用《太平惠民和剂局方》中的方剂治病，医治效果十分不尽人意。

刘完素于二十五岁时研习《黄帝内经》，对《素问》兴趣浓厚且攻读甚久，之后产生了独到的领悟。他结合《黄帝内经》的气运学说提出，人身之气皆随五运六气而有所兴衰变化，并结合北方环境气候、饮食体质等特点指出人生病都是火热所导致，因此治病应该从寒凉方入手。

据此，刘完素认为《太平惠民和剂局方》中的燥热方剂疗效不佳，并且当时许多医者因受《太平惠民和剂局方》的影响，而拘泥于使用燥热药物的做法也让刘完素非常不满。

在刘完素看来，处方用药要因人而异，视病人的身体状况、疾病的实际情况和所处的环境来选择用药，切不可墨守成规，因而传染性热病应该使用寒凉的药物来治疗。于是他按照自己研制的清热解毒的方子对患者进行医治，果然治好了很多人。后来，人们将以他为代表的主张用寒凉药方治病的医学家称为“寒凉派”。

因为刘完素医术高超，许多久治不愈的发热患者都前去找他治病，经由他开药或针灸的患者无一不痊愈。长年累月地救死扶伤，使他的名气越来越大，甚至传到了金朝统治者的耳中。金章宗为笼络人心，三次聘请他入朝为官，但刘完素无心于仕途，多次辞谢。金章宗不想强人所难，于是赐他“高尚先生”的名号。

除了民间行医，刘完素还潜心编撰医书，著有《黄帝素问宣明论方》《素问玄机原病式》《伤寒标本心法类萃》《内经运气要旨论》《伤寒直格》《素问药注》《医方精要》等诸多医书，其中影响最大的是《黄帝素问宣明论方》。

《黄帝素问宣明论方》又名《宣明论方》，全书共十五卷。刘完素根据《素问》中所论及的病证解释病源，并依据自己多年的临床实践经验制定相应的处方。这一大胆的尝试不仅弥补了《素问》所载病证方剂不足的问题，还使他“降火益阴”的疗法受到推崇。

刘完素放弃入仕机会，半生游历于市井江湖，只为救治百姓。他深知自己无力改变乱世给人们带去的苦难，只能利用自己潜心研究的医学知识让人们摆脱病痛的困扰。他的医学理论对后世中医学的发展有着深刻影响，甚至对明清时期温病学派的形成也有重要影响。

五、张元素

张元素是略晚于刘完素的医学家，他所开创的“易水学派”和刘完素的“寒凉派”虽有着不同的学术风格，但又相互影响，并促进了中医学的繁荣。

张元素，字洁古，别名张易水，易州（今河北易县）人，著名医学家。张元素幼时聪慧好学，八岁时参加了童子科考试，二十七岁时参加经义进士考试，因犯了“庙讳”（在答卷上用了皇帝祖先名字中的文字），无奈落榜。落榜后的张元素放弃入仕这条路，转而开始学习中医。

在学医这件事上，张元素却似乎有些“愚笨”，行医期间一直没什么名气。《金史》记载其“犯庙讳下第。乃去学医，无所知名，夜梦有人用大斧长凿凿心开窍，纳书数卷于其中，自是洞彻其术”。说的是有一天，张元素梦见有人用斧子凿开了他的心，然后放了几本书进去，这才使得他开了窍。当然，这种极具传奇色彩的说法不切实际，张元素之前“不开窍”是因为他在学习前人的医学理论时常常产生怀疑，然后就会“钻牛角尖”。

后来，张元素跳脱出前人的理论，转而研究起自己的治疗方法。据说有一次刘完素病了，张元素前去探望他，当时已为名医的刘完素并不待见他。张元素诊脉过后的说辞却令刘完素有所改观，他按照张元素开具的药方服用后，果然痊愈了。经此一事，张元素顿时声名大噪。

张元素治好刘完素久治不愈的病，正是因为他敢于提出质疑。他认为刘完素的治疗方法只会使得他的病情越发严重，于是张元素依照自己的判断，给他开具了新的药方。敢于质疑和创新是张元素拥有的一种十分可贵的精神，他不拘泥于古方和前人的疗法，主张根据不同的病情给予相应的治疗方式。

张元素的脏腑辨证说是在张仲景的六经辨证理论上创新而来的。六经辨证理论是将“三阳病证”和“三阴病证”分别对应六腑和五脏的病变，张元素将其简化为通过人的症状来判断人的脏腑出现了什么问题。

此外，张元素在药物归经方面也作出了巨大的贡献。他将功效相似的药物归于同一类，例如朱砂能安神，柏子仁能治失眠，所以归为心经；杏仁和桔梗能治疗喘咳和胸闷，故而归为肺经。

张元素的医学理论是经过长期实践和总结经验得出的，加之他善于结合实际病理做出相应判断，所以他的这些理论都有很强的实用性，甚至仍为今天的医者所借鉴和运用。

张元素在医学上有着卓越的成就，他所著的医书也有很高的学术价值，如《医学启源》《药注难经》《洁古本草》《脏腑标本寒热虚实用药式》《珍珠囊》等，其中《脏腑标本寒热虚实用药式》还被李时珍引入《本草纲目》。

六、张从正

张从正的人生经历十分丰富，他的行医足迹遍布河南全省及周边，救治过的患者无数，这些都给他提供了宝贵的临床经验。他主张以攻邪治病，以他为代表的医学流派又被称为“攻邪派”。

张从正，字子和，自号戴人，睢州考城（今河南兰考县）人，金代著名医学家，“金元四大家”之一。

张从正出生于一个医学家庭，自幼便跟随父亲学习医术。他勤奋好学，二十多岁时开始独立行医。在他四十多岁时，金朝和宋朝爆发战争，他应召加入军队，这段经历让他接触到了许多军中的医案。

因为医术高超，张从正于兴定年间被补召为太医，但没过多久他就辞去了这一职务。《归潜志》中记载：“张子和为人放诞无威仪，颇读书，作诗，嗜酒。”可见，张从正不拘小节的个性和读书人的行事作风，并不适合久居官场。

当然，性格只是他不愿为官的一个原因，另一个原因是他的医疗主张与众不同。在当时的医学大环境下，大家的治疗主张都是以温补为主，但张从正的用药风格却是效法刘完素，通常以寒、凉为主，他认为人生病都是“自外而入，或由内而生”的邪气所致，不管是外部入侵的邪气，还是体内自己产生的邪气，都应该将其祛除，因此他也被称为“攻邪派”的代表人物。

张从正擅长运用汗、吐、下三法来治疗疾病，《滏水集》中记载：“夫天有六气，以生寒暑燥湿风火，故医家欲治寒，必以热药；欲治热，必以寒药，二者固不可以偏废。”天之六气为风、暑、火、湿、燥、寒，它们所致的疾病大多发生在人体上部，因而可用发汗解表法治疗；地之六气为雾、露、雨、雹、冰、泥，其所致疾病大多发生在人体下部，因此可以采用通便之法排出；人之六味为酸、甘、苦、辛、咸、淡，其所

致疾病大多发生在人体腹部，因此可以用吐法治疗。这种“攻法”治疗和当时盛行的“补法”治疗大相径庭，张从正也因此受到了许多人的抨击。

张从正辞去太医一职后，四处游医，他甚至在郾城开设讲坛，宣传自己的医疗理念。在此过程中，他不断收集整理不同的医案，结合自己的临床经验以及《素问》《难经》《伤寒论》中的医学理论，编撰了《儒门事亲》。

《儒门事亲》全书共十五卷，前三卷为张从正亲自撰写，其余各卷由他口述，他的学生记录、整理。书中详尽叙述了张从正的医学观点，包括攻邪理论的主要思想以及汗、吐、下三法的应用方法、适用病症以及注意事项等。此外，书中还批判了当时的好补之风，提出只有邪气祛除之后才能进补，这些理论和思想大都受到后世之人的肯定。

七、李杲

李杲（gǎo）的母亲在其弱冠之年因病而死，他因此立志学医，捐千金拜张元素为师。李杲十分重视脾胃的作用，开创了独具一格的“脾胃学说”，是我国医学史上的“金元四大家”之一。

李杲，字明之，晚年自号东垣老人，真定（今河北正定）人，金代著名医家。李杲出生于一个富贵的书香门第，自幼聪慧好学，性格沉稳谦谨。他二十岁时，因母亲患病身亡而决心学医。

当时张元素是燕赵一带声名远扬的名医，于是李杲便携带千金只身离开家乡前去拜师。拜师后的李杲学习十分刻苦，不出几年便学有所成，因为特别擅长治疗伤寒、痈疽等疾病，他的名气甚至一度超过了自己的老师。

李杲性格谨慎沉稳，这在他的治疗过程中体现得淋漓尽致。他给人治病有四个环节，首先是诊脉，然后辨明脉象，再将诊断出的结论告诉患者，并从医经中引出经文加以分析、对照，得到病人的认可后才会开具处方，此四步即明经、别脉、识证、处方。

当时的医者都十分尊崇《伤寒论》中的理论，一些人不顾实际，生搬硬套地用其中的理论为患者治病。当时的社会是金国和元朝混战，百姓在战乱中流离失所、饥寒交迫，因此，人们所生的疾病不可能都是风寒，那些生搬古方、不论什么病都按风寒医治的方法自然不会有任何疗效。

李杲认为战乱中的人生病大多是因为饥饿、过劳、精神压力以及生活不规律导致的，而富贵人家生病则多数是因为纵情娱乐和吃喝，伤及了脾胃导致生病。李杲认为，脾胃是元气之本，强调脾胃在人体生命活动中的重要作用。

他的脾胃理论部分来源于实践经验，部分源于前人的理论。李杲在张元素的指导下，对《内经》和《难经》进行了深刻研究，他正是受到了《内经》中“五行”和“脏象”理论的启发，才提出了“脾胃内伤，百病由生”的观点，并且研制了沿用至今的著名方剂——补中益气汤。

此外，李杲还著有多部医学典籍，如《内外伤辨惑论》《脾胃论》《活法机要》《兰室秘藏》《东垣试效方》等，其中《脾胃论》最具代表性。

《脾胃论》全书共三卷，是我国医学史上极具代表性的内科脾胃论学说著作。书中强调了补益脾胃的重要性，并用辩证的方法对脾胃内科等杂症的治疗方式进行了详细论述。另外，书中还记录了诸多方剂，主要针对治疗饮食不当和过度疲劳引起的脾胃不适，这些方法不仅在当时行之有效，而且至今仍在沿用。

八、宋　慈

宋慈为官二十余年，曾多次担任高官要职。在任职提刑官期间，宋慈对当时普遍存在的冤假错案深恶痛绝，遂开创了“法医鉴定学”，他也因此被后世誉为“世界法医学鼻祖”。

宋慈，字惠父，号自牧，建阳（今福建南平）人，南宋著名法医学家。宋慈出生于一个官宦家庭，他的祖先是唐代四大名相之一的宋璟，其父宋巩曾为广州节度推官，为人廉洁正直。宋慈和儒学大师朱熹是同乡，他先后拜师吴稚与真德秀，这两位都是朱熹的传人，可以说宋慈接受的是当时最正统的理学思想。

宋慈并不认可理学思想中唯心主义的部分，譬如“心之全体，湛然虚明，万理具足”。他认为真理不是从内心的反省中得出来的，只有通过不断实践才能了解事物的本质。当然，儒家廉政爱民思想也对宋慈的人生观产生了很大的影响，真德秀曾言："狱者，生民大命，苟非当坐刑名者，自不应收系。为知县者每每必须躬亲，庶免枉滥。"这句话一直被宋慈牢记于心。

嘉熙四年（1240年），宋慈奉诏任提点广东刑狱。宋慈发现当地官员大多渎职，他们堆积了许多没有处理的旧案。一些官员因为怕苦嫌脏，远远地站在案发现场之外，查案只走一个过场，然后便草草结案，这种断案方式导致了许多冤假错案的发生。

宋慈见此现象感到十分愤怒，因为这与他所信奉的"公义"理念是相悖的。如果作为一名提刑官不能秉公执法，那世间哪里还有正义可言？于是，宋慈制订办案规约，责令官员限期办案，他自己断案时总是"于狱案，审之又审，不敢萌一毫慢易心"，其所到之处"狱无冤囚，野无流民"。

为了提升自己的专业水平，让自己在断案过程中能更客观地发掘真相，宋慈钻研药理学、毒理学、生理学乃至解剖学。正是这不断学习的精神和对求真的执着，使宋慈成为一名优秀的法医。他对先秦以来历代官府刑狱检验的实际经验进行全面总结，使之理论化、条理化、系统化，并编著成了闻名世界的法医学著作——《洗冤集录》。

《洗冤集录》又名《洗冤录》《宋提刑洗冤集录》，共五卷，内分五十三项，被公认是世界上最早的法医学专著。因其内容丰富详尽，一问世便成为司法者的必备学习教材。书中记述了人体解剖、尸体检验、现场勘察及鉴定死伤原因等内容，还对溺亡、自缢与假自缢、自杀与他杀等不同死亡方式进行了区分。此外，书中还记载了许多验毒、解毒的方法，以及自缢、水溺、冻死、胎动的急救方法。

《洗冤集录》曾被译为英、法、荷、德、韩、日、俄等国语言，在多国出版发行，可见其在世界法医界的影响力。

九、陈自明

陈自明出身中医世家，在治疗妇科与外科痈疽方面颇有建树，他对中医妇科与外科进行了深入的研究和全面的总结，并编撰了多部医学著作。

陈自明，字良甫，抚州临川（今江西抚州）人，南宋著名医学家。陈自明家三代为医，他自幼便跟随父辈学习医术。他对医学既有兴趣，也有天赋，十多岁的时候就已精通许多医学典籍，后来又遍行东南各地，遍览医家典籍，采众家之长，并将所得的新知识与祖上的经验相结合，用于临床治疗中。

据说，当时有一位孕妇得了怪病，一到中午就难受，看了很多医生都看不出是什么毛病。在所有人都束手无策的时候，陈自明听说了这件事，他让人给孕妇的家人带话，告诉他们孕妇的病状是内脏燥热所引起的，用大枣汤治疗便能痊愈。一开始，孕妇的家属并不相信，但查阅医书后发现确实如此，于是他们按照陈自明的方法给孕妇服用了大枣汤，孕妇果真就痊愈了。

后来，陈自明在任职建康府明道书院医谕时，发现前代关于妇女疾病的书籍十分匮乏，且所载内容十分简略，不是有论无方，就是有方无论，他不禁感叹：“医之术难，医妇人尤难，医产中数症，则又险而难。”于是，陈自明开始潜心研究妇科疾病，并编著了我国历史上最早的一部妇产科专著——《妇人大全良方》。

《妇人大全良方》全书共二十四卷，分为调经、众疾、求嗣、胎教、妊娠、坐月、产难及产后共八门，其内容包含了过去医书中关于妇科疾病的记载，以及陈自明本人的临床实践和祖上的医学经验，是一部全面、系统且实用的妇科专著。

陈自明钻研妇科疾病多年，形成了一套自己的理论系统，他根据妇女的生理特点，将妇女的生理发育及病理变化分为三个阶段：青春未婚期、已婚期、绝经期，并对不同阶段的病证分别加以归纳和分析。他强调了妇女月

经的先天来源，突出了冲任、天癸与女子月经的关系，阐明月经问题要从肾气及脾胃运化入手。

除了在妇科方面颇有建树，陈自明还十分擅长外科。他著有《外科精要》，全书共三卷，书中记录了痈疽疮疡等症的治疗方法，对痈疽的浅深、寒热、虚实、缓急、吉凶生死进行了深刻辨析，总结出了“辨五善七恶”的诊疗方法。

陈自明提出的“辨五善七恶”是中医外科学特有的判断疮疡预后的重要临床指针，他的妇科疾病理论也对后世的妇科的发展产生了极大的影响。尤为重要的是，他的医德极为高尚，给人看病从不分高低贵贱，对于特别贫困的病患甚至分文不收。而且他还会大方地将自己的研究成果、秘方公之于世，任人学习。

十、朱震亨

朱震亨于不惑之年弃儒学医，他医术高明且充满正义侠气，因倡导滋阴学说，被后世称为“滋阴派”的创始人。

朱震亨，字彦修，又称聘君，婺州义乌（今浙江义乌）人，元代著名医学家，与刘完素、张从正、李杲并称为“金元四大家”。

朱震亨幼时十分聪明，家里的长辈对他抱有很高的期待。早年间朱震亨一直学习儒家学说，希望将来能步入仕途。他在三十六岁那年到东阳八华山，拜朱熹的四传弟子许谦为师，跟随他学习程朱理学。

许谦不慕名利，官府多次召其出任官职，都被他坚定拒绝。他鼓励学生讲求义理而不追求功名利禄，见朱震亨自己开处方抓药治好了母亲的旧疾，便对他说：“吾卧病久，非精于医者不能以起之。子聪明异常人，其肯游艺于医乎？”这句话给朱震亨以极大鼓舞，于是他决心放弃仕途潜心学医。

朱震亨在自学期间发现了过去医书中的不足，为了精进医术，他四处寻找名医。他用诚意和真心打动了当时医术高明却性格古怪的罗知悌，终于拜得其门下，并在罗知悌的指导下解开了自己在医学上的诸多疑惑。

朱震亨在罗知悌那里学习了一年多时间，便回到家乡行医，但他所开具的药方却遭到了家乡医生的无情嘲笑。朱震亨对于这些质疑并不予理会，仍是按照自己的方子开药，治好了许多久治不愈的疾病。

朱震亨认为凡是人的体内都有火的存在，而火在人体里是指阳气。他认为人的一生都是处于一种动态的平衡中，但随着年龄的增长，人的阴精会逐渐衰竭，若阳气过盛则会引起虚火上冲。因此，朱震亨提出了“阳常有余，阴常不足”的理论，倡导“滋阴降火”治疗疾病。

通过整理多年的临床经验和行医心得，朱震亨编著了多部医学著作，如《格致余论》《外科精要发挥》《局方发挥》《伤寒论辨》《本草衍义补遗》《金匮钩玄》《素问纠略》等。此外，后人根据其医学经验整理出《丹溪心法》和《丹溪心法附余》。

他自己编撰的《格致余论》则是我国最早的一部医话专著，全书共一卷，载录医论四十二篇。书中论养生、论生理病理、论诊断、论治则者、论具体病症，大致内容可归为节饮食、戒色欲、养心收心、不使相火妄动，所涉内容十分广泛。不仅如此，书中还涉及了临床内外科、妇科儿科等内容，当中记载的一些有效方剂至今仍在沿用。

除了医术高明之外，朱震亨和许多受人敬仰的前辈一样具有高尚的医德，他从罗知悌处学成归来后，对求医和求学的人是来者不拒。只要是有人求医，不论距离远近，不管天气如何，他都会前往，若是有家境贫寒的患者，就算没有向他求医他也会自己前去施治赠药。这种行医济世的行为，使其深受民众爱戴。

第五章

明代医学家

一、万密斋

万密斋原是朝廷给予膳食的廪膳生员，后来因科场不得志，转而学医，一生致力于妇科、儿科、痘疹科，与“药圣”李时珍齐名，史称“医圣”。

万密斋，原名万全，号密斋，罗田（今湖北罗田县）人，明代著名医学家、药学家。万密斋出生于一个医学世家，他的祖父和父亲都是有名的儿科医生，他自己也非常博学且富有才华，能作诗能写文，还十分擅长书法。但是，万密斋一开始并未学医，他一心考取功名，之后由于科场不顺，才转而学医。

万密斋在学医过程中十分刻苦，他悉心钻研《素问》《难经》，将其中的精髓与自己的实践经验相结合，因而他的医学造诣很高。他十分擅长妇科、儿科及内科，特别是儿科和痘疹。结合祖辈治疗儿科的十三方，他总结出了小孩生病的三种原因，并认为针对小孩的疾病不要随便吃药，要以预防患病为主。

万密斋不仅医术高明，而且医德十分高尚。有一次，当地富绅胡元溪的独生子患了咳嗽，他因与万密斋有过节所以并未请他医治，而是请了别的医生。孩子的病非但没好，反而还加重了，胡元溪只好去请万密斋。虽然两人有过节，但万密斋还是尽心尽力为孩子治病，并告知胡元溪孩子病得太久，并非三五日就能治好。胡元溪因此怀疑万密斋没有尽全力医治，遂又请了别的医生。

胡元溪的孩子吃了新的药方后病情加重，胡元溪的妻子将他怒骂了一顿，之后又重新请来万密斋。万密斋没有记恨之前胡元溪对自己的不信任，仍旧用心治疗，结果半月有余，胡元溪的孩子便痊愈了。

治疗之初之所以几天不见效，其一是因为孩子的病情较为严重，其二便是万密斋用药十分谨慎。万密斋在儿科实践的过程中总结出一套完善的儿科病理学说，即“三有余，四不足”之说，即“肝常有余、心常有余、阳常有余，脾常不足、肺常不足、肾常虚、阴常不足”，这一理论为指导儿科临床治疗，提供了理论依据。

万密斋在为儿童诊治时非常注重望诊，因为小孩子口不能言，能言者又未必可信，为了使诊断更加准确，万密斋便主张将望、闻、问、切四诊法结合起来。这体现了他不拘泥于古法，善于结合实际的学术风格。

万密斋的医术享有盛名，明代已有“万密斋的方，李时珍的药”的说法，时人称为“神医”，清代更被康熙皇帝追封为“医圣”。

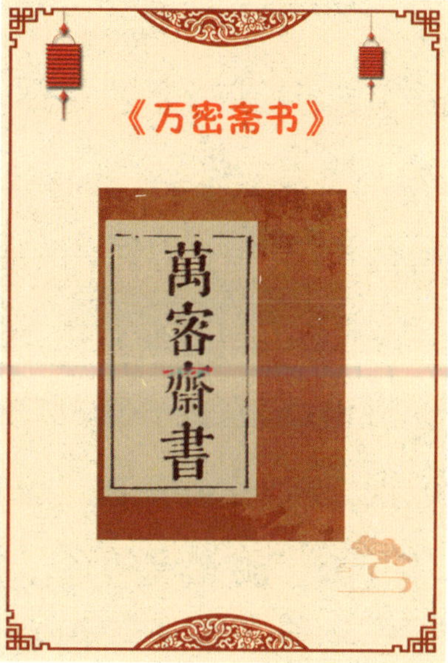

万密斋行医几十载，于晚年总结和整理了自己的医学见解和临床经验，撰写了多部医学著作:《养生四要》《保命歌括》《伤寒摘锦》《广嗣纪要》《万氏女科》《幼科发挥》《育婴家秘》《片玉心书》《片玉痘疹》《痘疹心法》等十部著作，而这正是《万密斋医学全书》的十个子目。《万密斋医学全书》共一百零八卷，内含十个子目，是继《千金方》之后又一部中医学全书。

二、李时珍

李时珍一生注重医学实践。他不仅“读万卷书”，更是“行万里路”，其考察足迹遍布我国的大江南北，遍访名医宿儒，搜寻民间药方，收集药物标本，完成了医药名著《本草纲目》，被后世尊为“药圣”。

李时珍，字东璧，号濒湖山人，蕲州（今湖北蕲春县）人，明代著名医学家、药学家。

李时珍出生于医生世家，他的祖父是个草药医生，父亲李言闻是当时的名医。李时珍自幼热爱医学，但因当时民间医者的社会地位极其低下，所以父亲希望他能走上仕途。李时珍十四岁考中秀才，此后三次应试均未考上，遂果断放弃科举转而学医，因天赋颇高且有父亲亲自教导，医术日益精湛的李时珍很快就有了名气。

李时珍三十三岁时因治好了富顺王儿子的病而名声大

显，后来被推举到太医院工作。在这里，他得以阅览皇家珍藏的医书典籍，也见识了许多珍贵药物标本，这为他之后研究草药打下了坚实基础。李时珍深知作为一名医者了解草药药性是十分重要的，但他发现许多古代草本典籍中存在错误。那些形状相近的草药常被混为一谈，可外形相似并不意味着功效相同，这样一来草率用药岂不会闹出人命？本着严谨求真的精神，李时珍开始进行实地调查。

相传，李时珍曾在一个山村里见到一个手舞足蹈的醉汉，他便向周围的人询问情况，得知这人是喝了山茄子泡的酒。回去之后，李时珍便翻阅起医书，最终查出这种草药名叫“曼陀罗”，可是除了名字之外，书上再无其他记载。于是，李时珍便找来了一些曼陀罗泡酒，并亲自尝试其效用。

李时珍饮用曼陀罗酒险些中毒，但他醒过来后，却十分高兴，赶紧记录下曼陀罗的生长地域、气候、药性等相关信息。旁人都觉得他的做法实在是太过冒险，李时珍却反问：“我不亲自尝试，难道要用病人去做实验吗？”

本着谨慎求真的精神，李时珍在编纂《本草纲目》的过程中参考了八百多部相关书籍，为了弄清其中的一些疑难问题，他亲自到多地进行实地考察。历时二十多年，李时珍终于完成了《本草纲目》的初稿。在之后的十年里，他又进行了三次修订，《本草纲目》才得以问世。

《本草纲目》全书共十六部，五十二卷，总目原称载药一千八百九十二种，经实核为一千八百九十七种，其中载有新药三百七十四种，收集药方一万一千零九十六个。全书分为水、火、土、金石、草、谷、菜、果、木、器服、虫、鳞、介、禽、兽、人等十六部，各部下面再分若干类，共计六十类，另外还附有一千余幅精美插图。书中不但纠正了前人的错误，还记载了许多珍贵的药物资料和科学分类法，因此被外国学者誉为“东方药学巨典”。

《本草纲目》不仅是我国中医药学的珍贵财富，也是一部具有世界性影响的博物学著作，是全人类的珍宝。

三、龚廷贤

龚廷贤自幼跟随父亲学医，刻苦好学，善于采众家之长。他将祖传医理与实践经验相融汇，精通各科，被誉为“医林状元”。

龚廷贤，字子才，号云林山人，又号悟真子，江西金溪人，明代著名医学家。

龚廷贤的父亲龚信曾在太医院任职，是一位医术高明的医官。龚廷贤从小就对医学产生了浓厚兴趣，因早年间业儒，十分崇尚仁爱思想，他认为在朝堂之上应为良相，悬壶济世则要做良医。

在学医期间，龚廷贤不分昼夜地刻苦钻研，一边攻读医书典籍，一边跟随父亲侍诊、近距离学习。在此期间，他还虚心向别人请教和学习。很快，他便将自己从父亲那里继承来的诊疗方法和众家之长结合起来，成为一名精通内外科及妇幼儿科的名医。

然而，龚廷贤并不满足，为了精进医技，他不仅潜心学习古方，还遍访民间收集秘方、验方，寄居中原二十年之久，专门治疗内外科、妇科、儿科以及五官科等病症。

他的医术十分高超，据《鲁府禁方》中记载，鲁王妃患上了鼓胀病，即因气滞、血瘀、水停于腹中所导致的腹胀大如鼓，皮色苍黄且脉络暴露。对于鲁王妃的病症，许多王室医官都束手无策，最后经过龚廷贤的治疗得以痊愈，鲁王十分高兴，以“天下医之魁首”称之并以千金酬谢。

龚廷贤除了擅长内外科、妇儿科、五官科外，还精于针灸法、推拿疗法、饮食疗法，是名副其实的全科医家。他活了九十多岁，他的长寿离不开他的摄生思想和对衰老规律的探寻。

他提出了“善养生者养内，不善养生者养外”的论点，认为养生滋补不应一味服用补药，而是要内在节欲保精，再搭配规律的饮食、劳逸结合的运动以及健康的心理状态，这套理论在今天看来仍然是健康、科学的养生标准。

龚廷贤曾在太医院任职，得以阅览皇家珍藏的医书典籍。他从前人的医学理论中得到启发，也开始著述医书。他一生的医学作品颇多，有《济世全书》《鲁府禁方》《寿世保元》《药性歌》《小儿推拿秘旨》《万病回春》《复明眼方外科神验全书》《药性歌括四百味》等。

龚廷贤特别擅长儿科，他的《小儿推拿秘旨》是一部儿科推拿专著，是后世许多儿童推拿专著的创作蓝本。全书共三卷，详述了许多儿童常见疾病的病因和诊断，对推拿手法和推拿穴位也进行了介绍，是现存较为完善的儿科专著。

四、缪希雍

缪希雍早年丧父，立志学医后博览医书，精研药道，善用清凉甘润的药物治病，著有多部传世医书。

缪希雍，字仲淳，号慕台，海虞(今江苏常熟)人，明代著名医学家、中药学家。

缪希雍的父亲去世早，家道中落。缪希雍十七岁时，不幸患上了疟疾，这种疾病致死率极高，缪希雍通过研学《黄帝内经》将疟疾治愈了。这一经历给予了缪希雍极大的信心，他也因此坚定了学医的志向。

缪希雍一生的足迹遍布江南的山川，游历期间只要遇到患病的人，他都会不计回报给人看病。他的朋友都说他充满侠肝义胆，因为不管是什么身份的人，他都真诚相待，如果听到有人病危，不管距离多远，路途多艰辛，他都一定会前往诊治。

在治疗疾病上，缪希雍主张使用清凉甘润的药方，认为外感热病是能致人死亡的大病，而伤寒和瘟疫类的疾病多是“阳明多气多血”所致。所以，清除体内的邪热，保护“荫养百脉”的津液才是治病的根本。

此外，缪希雍认为造成伤寒等疾病的风邪都是由口鼻侵入，而口鼻为脾胃的门户，因此他十分注重脾胃的调养和保护。他的方剂里很少有苦寒的药物，以免用药不慎伤及脾胃。他认为脾阳不振应该温养，脾阴不足则应该清养，所以他的用药风格多为“甘而流通，补而不燥”。

在治疗气血方面，他提出了颇有建树的“气血论”。他认为气血方面的疾病主要分为三种：血虚、血滞和血热，并针对这三种气血疾病提出了治疗方法，继而又提出了治疗吐血的三要诀和治疗气虚、气滞、气机失和的三种方法。

在行医治病期间，缪希雍还抽时间著书。他的作品有《神农本草经疏》《续神农本草经疏》《方药宜忌考》《仲淳医案》《本草单方》等，还有其弟子丁元荐取其所搜集临症所用诸方编撰而成的《先醒斋医学广笔记》。其中最具代表性的是《神农本草经疏》和《先醒斋医学广笔记》。

《神农本草经疏》是缪希雍经过长期深刻钻研，以《神农本草经》为主且参以《证类本草》所注疏的。全书共三十卷，含论文三十余篇，载药方三百九十个，分为玉石部、草部、木部、人部、兽部、禽部、虫鱼部、果部、米谷部、菜部等，具有非常大的实用价值。

《先醒斋医学广笔记》，简称《医学广笔记》，全书共四卷，前三卷主要介绍了缪希雍的治疗心得和治疗案例，以及治疗过程中使用的方剂，第四卷则记录了药物的炮制方法。

五、王肯堂

王肯堂自幼习儒，兼学医理，为官期间他因上疏抗倭而遭到降职。之后他愤然辞官，这也让他又有了继续开展医学研究的机会。

王肯堂，字宇泰，一字损仲，号损庵，自号念西居士，江苏金坛（今江苏常州）人，明代医学家。

王肯堂出生于一个官宦世家，他的父亲官至刑部侍郎。少年时期的王肯堂潜心学习文史和各家经典，希望能像父辈一样通过科举步入仕途，然而母亲的患病却改变了他的想法。

母亲患病时，家里遍寻周边名医来前来诊治，但均不见成效。每一位医生的诊疗方法和说法都不同，这便导致了各种药物杂乱使用，好在最终遇到了一位专业的医生才将母亲的病治愈。这件事极大地提升了王肯堂学医的兴趣，且正在这时，他的妹妹患上了乳痈。眼见妹妹危在旦夕，家里请了许多医生也不见好转，于是王肯堂决定自己一试，并最终治好了妹妹。

尽管如此，王肯堂学医的想法还是未能得到父亲的支持。在那个除了入仕，所有职业都被认为是“下等”的时代，官宦子弟自然只有读书参加科考是最佳的选择。

王肯堂博览群书，于万历十七年（1589年）考中进士，被选为翰林院检讨。王肯堂为人刚正不阿，且十分直率。1592年，日本人丰臣秀吉派遣十四万人进攻朝鲜，同年五月便声称要迁都北京。王肯堂上疏愿辞去本职，假以御史的名义来练兵，但他的上疏却被扣上了“行事浮躁”的帽子，遭到降职，他愤然辞官回到家乡。

回家后的王肯堂一边为人治病，一边撰写医书，他的著作十分丰富，有《证治准绳》《医学正宗》《医辨》《胤产全书》《念西笔尘》等，最具有代表性的要数《证治准绳》。

《证治准绳》，又名《六科证治准绳》或《六科准绳》，全书共四十四卷，包括杂病、类方、伤寒、疡医、幼科、女科六个部分，详细记载了各种疾病的病证和治疗方法。因受到西方解剖学的影响，他在疡医部分对人体骨骼解剖进行了详细描述，还首次提出了男性乳腺癌的说法。

此外，王肯堂对眼科医学也作出了极大贡献，他在《证治准绳》中记录了一百九十三种常见眼疾，包含了现代能用肉眼所查的所有眼科疾病。

六、陈实功

陈实功从医六十余载，专研外科长达四十余年。他在那个重视内科而轻视外科的时代开启了中医外科诊疗的大门，为我国的中医外科医学发展奠定了坚实的基础。

陈实功，字毓仁，号若虚，南直隶通州（今江苏南通市）人，明代著名外科学家。陈实功自幼身体不好，经常生病，于是他立志学医。他十分喜欢阅读各类书籍，特别是前代名医的医书典籍，但对于其中记载的医学知识，陈实功却并不会生搬硬套。他善于在临床治疗中结合实际，将古方与自己的实际经验相结合，从而得出一套切实可行的治疗方案。

陈实功的老师李沧溟是当时一位有名的医学家，李沧溟认为外科的治疗难于内科，因为内部的疾病不一定会达到外部，但是外部的疾病却一定是因为内部引起的。他的这一说法深深影响了陈实功，因此，陈实功在之后的医学研究中十分注重外科。

从当时的大环境看，医生更加重视内科，习惯用汤药来治疗疾病而尽量避免动刀。但陈实功认为如果一直采用保守疗法可能会耽误一些疾病的治疗，例如脓肿之类的疾病，如果不尽早开刀治疗，极有可能会加重病情。他对李沧溟“内之症或不及其外，外之症则必根于其内”的说法深以为然，因而主张内外并重的治疗方法。他在治疗患者时会先对其病症进行诊断，然后开具内治的方剂，以及进行切除和缝合等外部治疗。与此同时，内外并重的治疗方法还要与“消、托、补”相结合，其代表方剂“七星剑”和“八仙糕（八珍糕）”至今仍在沿用。

因为陈实功医术高明，前去找他治病的人络绎不绝，他对待患者向来是无论贫富贵贱一视同仁，对于特别贫困的患者，他不仅分文不取还免费赠药。他给自己定下了“五戒十要”，以此作为从医的道德规范。现代医学史家李涛在所著的《中国的医学道德观》中说：“陈实功《外科正宗》内有五戒十要，实为我国最完备的医德文献。”

深怀仁爱之心、严于律己的陈实功在晚年也没有忘却初心，为了自己几十年所积累的外科实践经验能够得以流传，让更多人认识到外科医学的重要性，他不顾年迈体衰，坚持撰写《外科正宗》一书。

《外科正宗》全书共四卷，第一卷总论外科疾病的病源、诊断和治疗，后面三卷则论述了一百多种外科常见疾病的病因、病征、治疗方法和典型病例。书中记载了诸多外敷内服的方剂和当时颇为先进的外科治疗方式，具有很高的中医外科理论价值和临床实践价值，因此备受后世医家推崇，《四库全书总目提要》称其“列症最详，论治最精”。

陈实功是一位德行兼备的医学家，他全身心投入自己所热爱的医学事业，并尽自己所能地造福患者。他的医学思想是后世医者的宝贵财富，他的高尚医德也是后世医者的职业道德标杆。

七、张景岳

张景岳自幼学医，爱好读书且知识渊博，为弥补当时盛行的“滋阴”疗法所带来的弊端，他大力主张使用温补疗法，对后世产生了较大的影响，被当时的人们誉为“仲景以后，千古一人”。

张景岳，原名介宾，字会卿，号景岳，别号通一子，浙江绍兴府山阴（今浙江绍兴）人，明朝著名医学家。

张景岳出生于一个富贵家庭，他的祖上以军功起家，世袭绍兴卫指挥使。张景岳十分喜欢读书，除了广泛接触岐黄之术外，他还通晓易理、天文、音律、兵法以及盛行于权贵间的道学和理学。

张景岳的一生经历颇为丰富，他自幼跟随父亲学习医理，十多岁时拜了名医金英为师，并深得老师真传。张景岳性格洒脱不羁，以立军功为荣，他在中年时选择了参军。在历经多年的戎马生涯后，无所成就，他最终决定解甲归隐，潜心研究医道。

当时，一些医者常常因滥用燥热药物而导致人体内阴阳失衡，因此朱震亨“阳常有余，阴常不足”的理论受到了众多医家的追捧。但这种盲目追捧又导致了寒凉之药的滥用，而寒凉药物使用过度则会伤及脾胃。这令推崇朱震亨之论的张景岳产生了怀疑，他转而学习名医薛己的温补学说。

相传一位吴姓参军误食毒蘑菇后上吐下泻，他找来的医生都认为既然是中毒，那当务之急便是解毒，但是不管服用了多少黄连、桔梗、甘草等解毒药物都不见成效。吴参军的胸口和腹部越发胀痛，病情更加严重。这位参军曾是张景岳的好友，见这些普通医生治不好自己，便请来了张景岳。

但张景岳开的全是温补之药。吴参军不由得怀疑张景岳的能力，拖了一天之后，他实在是撑不住了，只能服下张景岳给他开的药，没想到他的状况竟一天天好了起来。由于在药方中开具了大剂量的熟地黄，因此善用熟地黄的张景岳又被人们称为“张熟地”。

张景岳少年时就开始学习《黄帝内经》，并对《素问》和《灵枢》有三十余年的研究，他还编撰了一部研究《黄帝内经》的经典著作，同时也是他的代表著作——《类经》。

《类经》全书共三十二卷，将《素问》和《灵枢》分类编为摄生、阴阳、藏象、脉色、经络、标本、气味、论治、疾病、针刺、运气、会通十二类，共三百九十条。书中对《黄帝内经》原文进行了详细的注解。张景岳还编写了《类经图翼》和《类经附翼》，对《黄帝内经》中意义较深、言语表达不够到位之处以图解形式进行注释。

张景岳还编撰有《景岳全书》，这是一部全面而系统的临床参考书，对后世产生了极大影响。《景岳全书》在后世广为流传，后世的叶天士等人多继承他的理论和方法。

八、吴有性

吴有性一生致力于研究瘟疫的病因和治疗方法，开创了我国传染病学研究的先河，是“瘟疫学派”的创始人。

吴有性，字又可，号淡斋，江苏吴县（今江苏苏州）人，明末清初十分具有影响力的传染病学家。

根据《明史》记载，明朝曾多次暴发瘟疫，从永乐六年（1408年）到崇祯十六年（1643年）这两百多年间共发生过十九次瘟疫，其中一次是在崇祯十四年（1641年），遍及山东、河南、河北、江苏、浙江等地的瘟疫。

瘟疫具有很强的传染性，短时间内大范围横行，无数百姓因此病死。当时大多数医生受张仲景《伤寒论》的影响，都采用治疗伤寒的方法去治疗感染的患者，但是只能短暂地减轻症状，之后又会复发。

吴有性意识到，瘟疫并不是因为风寒和暑热造成的，应该属于温疫（也作瘟疫）。他发现有人因为嫌弃尸体的腐臭味而用布条遮住口鼻，而这些人没有被感染上疫病，他突然从中领悟到致病的原因是来源于空气。他指出天地间的邪气被人的口鼻吸入后就会致病，并将这种邪气称为“疠气”，因此提出了“疠气”致病的学说。

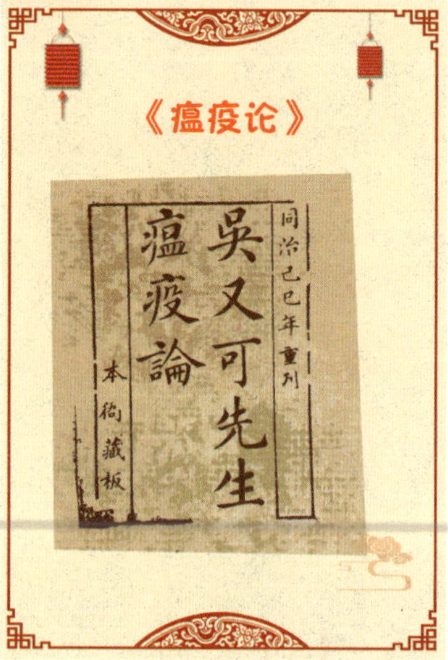

《瘟疫论》

吴有性提出瘟疫的病征虽与伤寒相似，但实际上致病根源却是完全不同，这是前人从未区分的，于是他将自己的理论和学说著成了《温疫论》一书。

《温疫论》全书共两卷，是我国第一部系统研究急性传染病的医学书籍。这本书首次把外科感染疫病与传染病的病因划入了同一个范畴，强调了加强机体抵抗力的重要性，还记载了许多新的瘟疫治疗方法，如达原饮和三消饮。

虽然书中的一些治疗方法并不能真正解决疫病，只能缓解大部分症状，但在那个时代这已经是一大创举了。吴有性提出的传染病观点直接突破了当时具有统治地位的六气致病学说，推动了温病学的形成与发展。

吴有性之所以能从常规的治疗思路中跳脱出来，是因为他在实践过程中善于观察和思考，并且能够从细枝末节中发现问题的所在。他的《温疫论》对后世的诸多医家产生了极大影响，时至今日，我们在治疗许多传染性疾病时还会借鉴《温疫论》中的观点和经验。

第六章

清代医学家

一、傅　山

傅山博学多才，除精通经史外，还长于书画医学，同时又是著名的道家学者。他著有《傅青主女科》《傅青主男科》等传世之作，当时有“医圣”之名。

傅山，初名鼎臣，字青竹，改字青主，别名浊翁、观化、真山等，山西太原人，明末清初著名思想家、书法家和医学家。

傅山出生于一个官宦人家，从小就受到了严格且优良的教育，加之他十分聪慧，读书数遍，即能背诵。傅山追崇道家思想，主张率性而为，顺应道家“无为而治”“顺其自然”的思想主张。

因身处朝代变更的动荡时代，傅山的人生经历颇为坎坷，但不管是什么时候，他在做事时都有自己的原则。他年轻时为了替清廉耿直的袁继咸洗刷冤屈，联络了数名生员赴京申冤，包围首辅请愿示威，经过长达半年多的请愿斗争，袁继咸沉冤得雪。几年后明朝灭亡，他怀着悲愤的心情出家成为道士，从事反清活动。

在之后的二十多年，傅山一直秘密从事着反清复明的活动，期间他因受到河南宋谦起义的牵连而被捕入狱，但面对清廷官吏的严刑拷打，他誓死不松口，绝食九日进行抗争，最终获得释放。

晚年的傅山一心著述，结识了一大批在野文人，成为当时在野文人的思想领袖和代表人物。虽然他的学识和才华受到了清廷的赏识，但他一直坚持气节，坚决不入朝廷，不做清朝的官，就连康熙帝免去他的考试，亲自封他为内阁中书，他也拒不谢恩。

作为一名全才，傅山在中医学历史上也有着举足轻重的地位，他擅长内科、外科、妇科、儿科，特别是妇科。他所著的《傅青主女科》不仅继承了前代医学家们关于妇科、产科诊疗的学说，还结合自己的临床实践经验，内容涉及妇科、产科的各个方面，是非常具有临床价值的中医妇科典籍。

除此之外，他还著有《辩证录》《大小诸症方论》《石室秘录》等综合性临床医书，以及《傅青主男科》《青囊秘诀》等专科著作。

傅山医术高超，医德高尚，他通常会优先为贫穷的患者进行诊治，至于那些品行不好的人，不论对方是高官还是显贵，他都会婉言辞绝，不为他们看病。

傅山满腹才气却生于一个动荡的时代，但在这个波澜诡谲的纷争时代中从未失掉自己的一身傲骨，这样的坚韧精神也是他除医学典籍外，留给我们的另一大精神财富。

二、叶天士

叶天士自幼学医，他在温病学上有着极其突出的医学成就，是温病学派的代表人物，被誉为“温病四大家”之一。

叶天士，名桂，字天士，号香岩，别号南阳先生，晚年又号上津老人，江苏吴县（今江苏苏州）人，清代著名医学家。

叶天士出生于医学世家，在家庭环境的影响下，他自幼立志学医。他十二岁时便跟随父亲开始学医，父亲去世后，为了生计，叶天士只好一边拜师精进医术，一边替人诊治疾病。据说他十八岁以前就拜过十七位名医为师，学习这些名医的长处。

因为天资聪颖又勤奋好学，叶天士不满三十岁便成为当地的名医，但他并未因此自满，反而对自己的要求更为严苛。

叶天士听闻山东有一位刘姓名医十分擅长针术，于是就前去向这位名医学习。为了得到引荐机会，叶天士治好了刘名医外甥的病。之后，他改名换姓在这位名医门下学习针术，直到有一次他治好了一位刘名医都救治不了的孕妇，在刘名医的追问下，他才说出了自己的真实身份。他谦虚的学习态度令名医大为感动，遂将自己的毕生绝学倾囊相授。

师承诸多名医的叶天士医术十分高明，被后世赞为“仲景、元化一流人也”，精通内科、外科、妇科、儿科，还擅长治疗时疫和痧痘等病症，史书称其“贯彻古今医术”。同时，他还是我国最早发现猩红热的人，不过，叶天士最大的医学成就还是开创了温病学。

叶天士首创了温病“卫、气、营、血”的辨证体系，他和江南一带专门研究温病学的医者一起，在前人总结出的经验中取精去粕，提出了“温邪上受，首先犯肺，逆传心包”的观点，并开创了温病辨舌、辨齿、辨瘢疹的诊断方法。其中，卫气营血辨证体系至今仍是临床辨治外感温热病的常用方法，他所著《温热论》更是奠定我国温病学基础的优秀医书，是我国温病学史上一部珍贵的历史文献。

叶天士不仅医术高明，还乐于将自己的医学知识传授给其他人，他的学生、后人大多也都成为济世名医。叶天士在传授医术时，还不断告诫后人要注重行医原则，要求他们要有严谨负责的行医态度。

叶天士一生勤于问诊治病，关于他的传奇医案不胜枚举。尽管声名在外，叶天士却始终保持着谦虚谨慎的学习态度，他那种谦恭好学、改名换姓求师学艺的精神永远是后人学习的典范。

三、黄元御

黄元御青年时因庸医误用药物导致左眼失明，因此失去了科举入仕的资格。他虽半道学医，却对我国的中医学发展产生了十分深远的影响，被誉为“一代宗师”。

黄元御，本名玉璐，字元御，一字坤载，号研农，别号玉楸子，山东昌邑人，清代著名医学家。

黄元御是明代名臣黄福第十一世孙，黄家的家庭条件比较优越，他从小就享受着优质的教育资源，并以通过科考步入仕途为人生志向。黄元御学习十分刻苦，十八岁时考中秀才。

黄元御三十岁时，因备考太过用功，左眼患上了眼疾，一开始他和家人都没有在意，但不久之后，病情就严重到无法睁眼。家人急忙为他请来了医生，这位医生竟是一名庸医，在他的医治下黄元御的病情非但没有好转，反而更加严重，到最后整个左眼完全失明了。

当时朝廷规定五官不健全之人不能入朝为官，黄元御多年的辛勤付出转瞬之间便化为了泡影。他百感交集，遂下定决心学习医术，避免更多人为庸医所害。

黄元御三十岁才开始学医，比起其他名医算是一开始就输在了“起跑线”上，但他并不急于求成，而是从最基础的《伤寒论》《金匮玉函要略》《内经》《难经》等中医典籍开始入手。他在学习过程中发现这些古籍在流传过程中出现了一些谬误，这也是导致医者误诊的重要原因，于是他决定将这四本书的内容重新进行考订，以还原其本身的面目。

黄元御还拜名医刘太真为师，并得其真传，他在行医过程中，不断总结经验，医术精进，名声大盛。乾隆十五年（1750 年）四月，黄元御游历到京城时恰逢乾隆皇帝生病，在一众御医一筹莫展之际，乾隆皇帝却被举荐入宫的黄元御治好了。乾隆皇帝因此对黄元御青睐有加，不仅恩赐他为御医，还亲书“妙悟岐黄”四字以示嘉奖。

在太医院供职期间，黄元御勤勤恳恳地履行着自己的职责，他曾在金川大战的清军水土不服时临危受命，研制出克服高原反应和增强免疫力的药丸，解了当时的燃眉之急。与此同时，他也没有放下手中的著述工作，他撰有医书十一种，其中最为有名的是被称为“黄氏医书八种”的《素灵微蕴》《四圣心源》《长沙药解》《伤寒说意》《玉楸药解》《伤寒悬解》《金匮悬解》和《四圣悬枢》。

乾隆二十二年（1757 年），黄元御因过度劳累，渐成重症，抱病回到故乡。第二年九月，他与世长辞，享年五十四岁。黄元御的一生算不上长，从医只有二十余载，但他“行仁道，以药济”的精神对后世影响深远。

四、赵学敏

赵学敏幼时被父亲指定学习儒学，但他一直对医药知识颇感兴趣，经过长期刻苦钻研，他在医学领域取得了卓越成就，并编撰了我国医学史上第一部有关走方医的专著。

赵学敏，字恕轩，号依吉，钱塘（今浙江杭州）人，清代著名医学家。

赵学敏的父亲因老来得子，所以在两个儿子还很小的时候就十分重视对他们的教育。他在家里开辟出一块土地作为药圃，在此种植草药，此外还在家中收藏许多医书供儿子们阅读。对于两个儿子，他给予了不同的学习任务，大儿子赵学敏被指定学儒，小儿子赵学楷则被指定学医。

两兄弟的生活起居都在这个被称为“养素园”的园子里，因为学习资料共通，被指定学儒的赵学敏对医学有更加浓厚的兴趣。他还博览群书，对天文、历法、术数、卜算之类的书籍也有涉猎。

成年后，赵学敏开始和弟弟一起行医治病。由于功底扎实，理论水平高，所以他的医术水平也非常高，一般的疾病都是药到病除，而对于一些疑难杂症往往也能收到奇效。于是，赵学敏成了当地的名医。但是，他并不满足，觉得还有很多病不能治，于是中年以后，他毅然走出书斋，深入到民间去学习。赵学敏经过数十年的行医，积累了丰富的经验，他还完成了《利济十二种》丛书的编撰。此书共有一百卷，包含了十二种医药书，子目有《医林集腋》《养素园传信方》《囊露集》《本草话》《串雅》《升降秘要》《摄生闲览》《奇药备考》《祝由录验》《花药小名录》《药性元解》《本草纲目拾遗》等，但流传至今的只有《串雅》和《本草纲目拾遗》。

《串雅》是中国第一部有关走方医的医学专著。“走方医”是指民间卖艺施治的江湖游医，他们治病有“廉、简、便、验”四个特点，即药物价格低廉，药方简单，可就地取材，并保证能药到病除。虽然走方医并不为国医所称道，但这也是我国中医体系的一种传承。《串雅》揭示了走方医的背后奥妙，为当时的中医诊疗提供了许多新的方法。

《本草纲目拾遗》全书共十卷，记载药物九百二十一种，包含《本草纲目》未有记载的七百一十六种，大多数是来自民间的药物和外来药物。《本草纲目拾遗》遵照《本草纲目》的体例分为水、火、土、金、石、草、木、藤、花、果、谷、蔬、器用、禽、兽、鳞、介、虫部，增加了藤部和花部，删去了人部。在补充遗漏的同时，赵学敏还对《本草纲目》中记载不详细的内容进行了补充说明，有误的地方也进行了修改订正。

《本草纲目拾遗》是继李时珍《本草纲目》后，对本草药学的再一次总结，对研究《本草纲目》与明代以来药物学的发展，起到了重要的参考作用，在我国中医药史中占据着十分重要的位置。

五、吴鞠通

吴鞠通少年时期弃儒从医，一生主要致力于温热性疾病的治疗，在外感病和热性病的治疗上取得了很高的成就，和叶天士同为温病学派的代表人物。

吴鞠通，本名吴瑭，字配珩，号鞠通，江苏淮阴市人，清代著名医学家。吴鞠通的父亲是一个穷苦的书生，受父亲的影响，吴鞠通少时的目标便是努力学习，通过科考改变命运。然而他的父亲和侄子相继患病去世，于是他作出了一个重大决定——弃儒从医。

吴鞠通十分幸运，他参与了抄写、检校《四库全书》医学部分的工作，这使得他有机会接触到名家的医学典籍，其中吴又可的《瘟疫论》对他的启发最大。

乾隆五十八年（1793 年），京城爆发了大规模的疫情，吴鞠通根据叶天士治疗温病的方法治好了很多人，但是，也有许多顽固不化的庸医坚持用治疗伤寒的方法治疗疫病，很多人因此而丧生。吴鞠通见此痛心疾首，为了不让更多悲剧发生，撰写了《温病条辨》一书。

《温病条辨》全书共七卷，它的成书基础来自叶天士等人的温病学理论，吴鞠通对于八纲、六经、卫气营血、脏腑、经络等辨证方法是认同的，但同时也提出了一个新的学说——三焦辨证学说，这对中医温病学的完善起到了极大的作用。

三焦是上焦、中焦、下焦的总称，膈以上为上焦，包括心与肺；膈以下至脐内为中焦，包括脾与胃；脐以下为下焦，包括肝、肾、大小肠、膀胱。三焦辨证即以三焦为纲，对温病过程中病症的变化、特点及传变规律进行分析，然后确立治疗方案及推测预后转归的辨证方法。

吴鞠通认为温病共有九种，可以从季节和病征的不同表现上加以区分，这是一种很完整的分类方法。此外，他还在书中明确区分了伤寒学和温病学两个体系，这对整个温病学界来说是一项重大的进步。

《温病条辨》一经问世便广受追捧，《意园谈医书笔记》赞其为“温病所必看之书”。

在多年的行医生涯中，吴鞠通积累了大量的实践经验，于是他将毕生的医案进行汇集，编著成了《吴鞠通医案》。《吴鞠通医案》全书共四卷，收载四百五十七例医案，每一例医案都按照立病名、述脉证、予诊断、开药方的顺序来记载，内容详细、完整。这部医案专著还能被当作《温病条辨》的理论实践案例来看待，具有很高的实用价值。

吴鞠通的医学成就是在肯定前人理论的基础上提出了新的理论，对中医诊疗理论进行了进一步的完善。吴鞠通为后世留下了许多行之有效的方剂和医学观点，他的医学著作也成为现代中医学院的必修课程，他的学术思想在今天的临床医学中仍起着重要的作用。

六、王清任

王清任一生特立独行，秉承“非欲后人知我，亦不避后人罪我”的精神解剖、研究了大量尸体，对清代医学革新作出了巨大贡献。

王清任，又名全任，字勋臣，直隶玉田（今河北玉田县）人，清代著名医学家、解剖学家。

王清任自幼习武，青年时期曾考取过武秀才，后来通过花钱买了一个千总的小官职，习武的经历使他养成了豪爽耿直的个性。

因受祖上行医的影响，王清任在二十岁时弃武从医。他阅读了大量医书，理论知识储备十分丰富，但对前人的经验并非不加甄别地全盘接受。王清任非常注重实践经验，他认为“治病不明脏腑，何异于盲人夜行”，为了验证古书中“脏腑图”的准确性，他不顾感染的风险，在当时正流行“温疹痢症”的滦县待了十多日，观察研究了三十多具儿童的尸体。

在这个过程中，他发现了古书中关于人体脏腑的记载与实际不符，如小儿并非“五脏六腑，成而未全”。王清任意识到古书中的内容多有谬误，抱着求真的态度，不仅做起了动物解剖的实验，甚至还赶赴刑场观察刑犯的尸体，以明确人体的脏腑结构。经过数十年的研究，王清任纠正了前人古籍中的错误，汇编成了《医林改错》一书。

《医林改错》全书共上下两卷，附图二十五幅，是理论和临床相结合的经典之作。书中较为准确地描述了胸腹腔内的脏器、血管等解剖的位置，指出“人身膈膜是上下界物”，提出了活血化瘀法，并否定了胎养、胎毒等陈旧的学说。

书中影响最大的内容就是他提出的“瘀血说”。王清任认为“气”“血”是人体中的重要物质，也是致病的因素。因此他在治病时主张“补气活血”和“逐瘀活血”，这种活血化瘀的理论在如今仍有极高的实用价值，不仅对中医内、外、妇、儿各科作出了贡献，而且对针灸临床也有指导意义。

虽然《医林改错》自问世以来便受到了多方质疑，至今对它的评价仍褒贬不一，但王清任注重实践的严谨精神应该得到认可与肯定。

七、王士雄

王士雄于逆境中苦研医学，不仅对温病学的发展作出了卓越贡献，还对疾病预防提出了许多有价值的观点。

王士雄，字孟英，号梦隐（一作梦影），又号潜斋，别号半痴山人、睡乡散人、随息居隐士等，浙江钱塘（今浙江杭州）人，清代著名医学家。

王士雄的祖辈都曾是精通医术的名医，父亲在他十四岁的时候因病去世，为了遵循父亲临终前让他做有用之人的嘱咐，他开始钻研医学。但是因为家境贫寒，他只能去婺州，白天佐理盐务，晚上研读医书。

艰苦的环境丝毫没有影响王士雄学医的热情，几年后他便能为人治病了。当时婺州有一个叫周光远的人突然患疾，众医认为他是中暑，但王士雄却给出了不一样的说法。周光远认为王士雄的说法有道理，便听取了他的意见，最终在王士雄的医治下恢复了健康。

清朝末年，西方医学逐渐渗入，这引起了中医界顽固守旧派的恐慌，他们拒绝接受西方的医学理论。王士雄对这种思想予以批判，还提出医学并无国界之分，要善于吸取新知识。

道光十七年（1837 年），江浙一带暴发霍乱，王士雄不顾个人安危悉心治愈了许多人。在此过程中，他收获了诸多治疗霍乱的经验，随即编写了《霍乱论》一书。

《霍乱论》全书共两卷，书中提出霍乱有寒热之分，系统论述了霍乱的病因、病机、辨证和防治，是我国中医学史上不可多得的优秀霍乱专著。

1862 年，王士雄带领家人辗转来到上海，正好遇到上海霍乱大暴发。在众医犯难之际，王士雄再一次站了出来，他不仅对病患展开救治，还将《霍乱论》重新修订发行，以此来满足当时的社会需求。

温病学说发展到清朝末期已经形成了一套成熟的体系，王士雄将自己的实践经验和张仲景、叶天士、陈平伯、薛生白等人的理论相结合，撰写了《温热经纬》一书。

《温热经纬》全书共五卷，书名的“经纬”是为“以轩岐仲景之文为经，叶薛诸家之辨为纬”，此书集前人温病学说之大成，并依据自己的临床经验，阐明了自己独到的观点。王士雄对温病学说和治疗进行了补充，提出常用食品可以代替养阴生津的药物。不仅如此，书中还记载了许多他新创的名方，这也是《温热经纬》能成为温病学入门教材的一个重要原因。

在治疗霍乱和温病的过程中，王士雄发现环境污染是致病的一大因素，于是他主张疏通河道、净化水质、改善室内外的环境卫生，这对疫病的预防有很大的作用。

王士雄虽生活于封建社会末期，但他却能冲破封建思想的桎梏，他在疫病面前不惧生死的高尚医德，以及他创作的一系列医学理论著作都将被后世之人铭记。